PROCES EN DIFFAMATION.

L'ÉCLAIREUR DES PYRÉNÉES

ET M. CHEGARAY,

ANCIEN MAGISTRAT, REPRÉSENTANT DU PEUPLE,

DEVANT LA COUR D'ASSISES DE PAU,

Audiences des 8, 9 et 10 Août 1849.

BAYONNE,

IMPRIMERIE DE VEUVE LAMAIGNERE NÉE TEULIÈRES,

rue Bourg-Neuf, n° 1.

—

1849.

L'ÉCLAIREUR DES PYRÉNÉES

ET M. CHEGARAY,

ANCIEN MAGISTRAT, REPRÉSENTANT DU PEUPLE,

DEVANT LA COUR D'ASSISES DE PAU,

Audiences des 8, 9 et 10 Août 1849.

DÉFENSE DE L'ÉCLAIREUR DES PYRÉNÉES,

PAR SON RÉDACTEUR, M. C. DE FEUILLIDE.

I.

Messieurs de la cour, Messieurs les jurés,

Je ne suis pas seul dans cette cause.

La loi, par une fiction que je déplore plus que jamais aujourd'hui, m'a donné un complice, un complice forcé. Et pourtant, Messieurs, ceci est une de ces causes politiques où l'écrivain a besoin de toute sa liberté d'esprit et de conscience, de toute son indépendance de parole et de pensée.

Or, pour avoir tout cela, il lui faut la certitude que la responsabilité de sa pensée et de sa parole ne rejaillira pas sur un autre que sur lui, n'engagera pas une autre destinée que la sienne. Ce ne serait pas, vous le voyez, un devoir d'honneur et de loyauté, que ce serait encore un bon calcul d'égoïsme.

Permettez-moi donc, Messieurs, de dégager tout d'abord cette cause de celui qui, dans le délit que m'impute la partie civile, n'a pas été ma pensée, ma parole, ma signature, n'a pas été moi; et j'ajouterai même n'a pas été mon coopérateur volontaire.

Avant de parler pour moi, rédacteur de l'*Eclaireur*, auteur de l'article incriminé, je veux, je dois parler pour M. Joseph

1849

Moncla , gérant de l'*Eclaireur*, prote de l'imprimerie Lamai-
gnère , à Bayonne ; et j'ajoute avec une grande joie , l'un des
plus honnêtes et des plus intelligents ouvriers que j'ai rencon-
trés dans ma carrière assez longue déjà de journaliste , durant
laquelle, cependant, j'en ai rencontré de si intelligents , de si
honnêtes.

Vous savez, Messieurs, pourquoi les lois sur la presse ont
exigé un gérant responsable. Elles ont voulu que la justice,
quand elle aurait un délit de presse à poursuivre, ne fût point
exposée à être renvoyée de dénégations en dénégations, de
Caïphe à Pilate. C'est pour cela qu'elles ont décrété que tout
journal lui tiendrait toujours prêt quelqu'un sûr qui elle pût
tomber.

Pour moi, Messieurs, je n'ai cessé de déplorer cette disposition qui met la fiction à la place de la réalité.

Je l'ai déplorée, parce qu'elle m'a toujours paru être une
honte pour l'écrivain.

Je l'ai déplorée, parce qu'elle favorise cette propension funeste de l'homme à pousser l'absence du courage de ses actes et de ses paroles, jusqu'à en décliner la responsabilité, alors
même que cette responsabilité s'en va peser sur un innocent.

Je l'ai déplorée, parce que la pénalité qui est une chose
très-réelle, qui a pour but de détourner du mal en montrant
au monde le châtiment, s'en va tomber sur une chose fictive ,
sur une pure abstraction, laquelle, par conséquent, n'a pu ni
penser ni agir, et ne peut pas se repentir.

Je l'ai déplorée dans l'intérêt même de la loi, pour le respect qui lui est dû, pour le caractère d'efficacité dont l'absence
fait de la loi le fonctionnement d'un mensonge, d'une immoralité.

Quel respect, quelle crainte salutaire, en effet, je vous le
demande, Messieurs, peut inspirer à l'écrivain une loi qui constitue en sa faveur une impunité, qui lui donne la faculté pour
faire feu de toutes les batteries de son esprit, de s'embusquer
derrière ce buisson qui s'appelle la gérance? Le journaliste
frappe son ennemi public ou privé, dans sa vie, dans son honneur, dans son cœur, dans ses entrailles ; et son ennemi, s'il se
retourne, qu'a-t-il devant lui?.. un gérant... une fiction. Et
savez-vous ce qui arrive? c'est que, pendant que le pauvre gérant se débat sous l'amende et sous les verroux d'une geôle,
le journaliste recharge froidement son arme, et en vertu de
l'impunité que lui fait la loi, il recommence et il continue
la guerre tant qu'il rencontre une fiction pour servir de buisson à sa plume.

Qui cela corrige-t-il? Eh, mon Dieu ! personne. Ni le journaliste, parcé que la loi lui fait un droit de l'impunité ; ni les gérants eux-mêmes, qui, vous le savez, se succèdent toujours, parce qu'au dessus de toutes les considérations personnelles, plane le salut de la presse, l'existence du journal.

C'est sous l'empire de toutes ces idées que moi, Messieurs, je n'ai jamais abrité ma responsabilité derrière une signature qui n'était pas la mienne ; que partout où j'ai eu le droit de le faire, mon nom a toujours figuré à côté du nom du gérant.

C'est pour cela, oui pour cela, que je suis devant vous ; mais c'est pour cela aussi que j'ai le droit de demander : Pourquoi M. Moncla y est-il ?

Il ne me semble ni équitable ni digne de vouloir se venger à la fois sur le coupable et sur l'innocent

On ne peut prétendre à la double satisfaction de frapper sur la réalité et sur la fiction. Et la partie civile me semble, en vérité, avoir eu trop de retenue. Pourquoi donc n'a-t-elle pas aussi mis en cause l'imprimeur ? Après la signature de l'écrivain, la signature du gérant et de l'imprimeur ont, en vérité, une valeur égale.

Cette prétention, Messieurs, n'est pas contraire seulement à la dignité et à la loyauté, choses toujours bonnes de soi, et dont la rancune ne dispense pas ; mais elle est contraire encore, sinon à la lettre de la loi, du moins à son esprit ; et non-seulement à l'esprit que lui donne la plus simple raison, mais à l'esprit que lui ont reconnu les hommes qui l'ont faite.

En 1823, M. d'Argout disait à la chambre des pairs : « Quand le rédacteur a signé, la signature du gérant n'est plus qu'une superfétation. » Il allait plus loin, il disait : « Le gérant d'un journal peut toujours échapper à la responsabilité en faisant connaître le nom de l'auteur de l'article incriminé. »

Cela est tellement vrai, messieurs, qu'entre le juge et le gérant, il s'établit le dialogue suivant :

— Etes-vous l'auteur de l'article poursuivi ?

— Non, répond le gérant.

— Mais, réplique le juge, vous en assumez sur vous la responsabilité ?

Si, par le fait seul de la signature, la responsabilité est de droit, pourquoi le juge fait-il cette question ?

Mis ainsi en demeure, le gérant peut donc répondre : Non.

S'il répondait non, il serait mis en demeure de faire connaître l'auteur.

S'il le faisait connaître, le vœu de la loi serait rempli ; la justice saurait sur qui frapper.

Mais si, ayant le coupable, la justice persistait à vouloir encore l'innocent, ne serait-ce pas, je vous le demande, une profonde immoralité ?

Dans là cause, cette immoralité, là partie civile vous la propose; vous, Messieurs, vous ne l'accepterez pas.

L'auteur de l'article incriminé s'est fait connaître : l'auteur c'est moi! Je l'ai dit, écrit, signé sous toutes les formes ; j'en ai renouvelé la déclaration ici, devant vous, devant la cour, devant le public ; cette déclaration, la partie civile l'a tenue pour valable, car elle m'a fait ce procès. S'il y a un délit, c'est donc moi qui l'ai commis. Si vous avez à frapper, c'est donc moi que vous devez frapper ; car c'est moi qui suis la pensée qui a conçu, la main qui a écrit, la signature qui a publié.

C'est moi, Feuillide le rude journaliste, et non pas lui, Moncla, le pacifique gérant. Pour ceux qui savent comment j'entends et j'exerce la rédaction en chef, le gérant de l'*Eclaireur* n'a été pour rien dans la publication de l'article. Je dirai même plus, il a voulu s'y opposer. Mais dans mes mains, la rédaction en chef, c'est la dictature : je n'admets pas de contrôle ; sans cela j'admettrais la censure, et je ne veux pas plus de la censure du gouvernement, que de celle du gérant ; alors, pourquoi ne pas arriver aussi à celle de l'imprimeur.

— Publiez l'article, lui dis-je, sinon je me retire... et ma retraite, c'était la ruine de l'*Eclaireur* ; sa ruine au moment des élections et de son ascension croissante vers son chiffre considérable d'abonnés.

Vous le voyez donc bien, Messieurs, s'il y a un coupable, le coupable c'est moi. Vous avez la réalité, ne prenez pas la fiction ; pour courir après l'ombre, ne lâchez pas la proie.

En agissant autrement vous observerez la loi, sans doute, mais dans son texte et non dans son esprit.

En agissant autrement craignez surtout de faire une duperie de la loyauté et du courage de l'écrivain, qui ne se met au devant du gérant que pour que le gérant ne soit pas puni. Mais si vous allez frapper l'innocent à travers le coupable, le coupable ne se montrera plus. Vous condamnerez ainsi à perpétuité le jury à cette éternelle immoralité de frapper sciemment sur l'homme que sa conscience lui dira n'avoir pas commis le délit poursuivi.

Vous enlèverez ainsi à la presse son plus grand moyen de moralisation, et même de répression profitable, puisque cette répression émanerait de la presse elle-même.

Croyez-moi, Messieurs, les institutions des peuples ne sont sacrées, ne sont durables, ne sont obéies que lorsqu'elles rentrent absolument dans le domaine des faits, des réalités. Quand elles se traînent dans les abstractions, dans les fictions, elles sont mal obéies, car elles sont mal comprises ; et il y a un danger souverain à placer la conscience de l'homme entre la vérité des faits ou la vérité vraie, et la vérité de convention ou la vérité légale.

Le temps des fictions est passé ; la plus haute de toutes, la fiction constitutionnelle de l'irresponsabilité royale, a fait le sien ; ne perpétuez pas son privilège dans la presse en conservant par la gérance la fiction de l'irresponsabilité des rédacteurs.

Que toutes les fictions disparaissent enfin de nos lois, puisqu'elles tendent à disparaître de nos mœurs. C'est à votre omnipotence, Messieurs, qu'il appartient de commencer le travail de l'harmonie entre les mœurs et les lois. La justice et la morale publique ne peuvent que gagner à trouver la réalité là où elles ne pouvaient saisir que la fiction.

Maintenant, Messieurs, qu'au nom de l'équité qui est la suprême justice, et de l'esprit de la loi qui est la loi véritable j'ai fait appel à votre conscience, je me sentirai plus à l'aise avec la mienne ; après avoir dégagé la cause des entraves de la fiction, je me sentirai plus libre pour en dégager la vérité. Mais en recourant à des attaques personnelles pour opérer une diversion aux attaques politiques dont je l'ai rendu l'objet, mon adversaire me force à déblayer auparavant le terrain de ma défense des personnalités calomnieuses dont il l'a hérissé.

II.

Donc, à nous deux maintenant, Monsieur, puisque vous l'avez voulu : ce sera court. Et puis ce sera entre la monarchie et la République, entre 1835 et 1848, entre la peine de mort et le renversement de l'échafaud politique ; ce sera plus long.

Vous m'avez adressé, Monsieur, ce reproche banal et facile que tous les partis se donnent la satisfaction de faire entendre sur les hommes dont ils n'ont pas autre chose à dire. Cet homme a de la probité, des mœurs, du talent ; il est fier, sympathique, fidèle à ses amitiés... Oui, mais il a varié ; sa vie est un tissu de pérégrinations politiques.

Non, Monsieur, ce n'est pas moi, ce sont les événements qui ont changé. Ma pensée politique est toujours restée la même. Elle ne pouvait pas varier, elle repose sur les faits et sur la philosophie des enseignements de l'histoire ; et l'histoire m'a appris que le triomphe définitif des luttes du présent et de l'avenir appartient à l'idée démocratique. C'est l'idée démocratique, en France, qui a renversé un à un tous les principes, tous les faits, toutes les institutions qui lui faisaient obstacle. C'est elle qui a fait éclater les mailles de fer du réseau féodal ; c'est elle qui a ruiné jour à jour la richesse et la puissance temporelle du clergé ; c'est elle qui a fait les Communes, affranchissement de la terre et de l'homme ; c'est elle qui a fait les bourgeoisies, affranchissement civil du citoyen ; c'est elle qui a fait le Tiers-État, affranchissement politique de la nation, *moins la noblesse et le clergé*; c'est elle qui a forcé la royauté à parcourir les phases successives où les droits de la couronne ont été s'affaiblissant, s'appauvrissant de siècle en siècle, jusqu'au jour où la couronne a consenti à dépendre de l'élection populaire, et où la souveraineté du peuple a repris ses dons, pour s'exercer dans toute la plénitude de son indépendance.

Cette synthèse de la démocratie et de son avenir dans le monde, elle n'a cessé d'être ma foi politique, l'objet et le fondement de mes études et de mes livres. L'*Irlande*, les *Révolutions de Paris*, le *Château de Ham*, le *Tourneur de chaises*, voyage, histoire, roman même, portent profondément marqués dans leurs entrailles, le caractère et le sens démocratique... A ce point que par les enseignements du passé, j'ai eu souvent la prévision des événements de l'avenir, la prévision presqu'à jour fixe. — Faux prophète ! faux prophète ! me disait, en décembre 1847, un homme éminent, après avoir lu l'introduction des *Révolutions de Paris*, où je venais d'écrire: « Le temps est donc bien proche où le gouvernement et la société vont avoir à faire compte avec les classes populaires... » Et trois mois plus tard les classes populaires réglaient ce compte sur les barricades de février — Faux prophète ! faux prophète ! m'avait dit, en 1842, un grand partisan de la dynastie déchue, qui venait de lire le dernier feuillet de l'*Histoire de Ham*, où j'avais écrit ceci : « Cette histoire aura encore un dernier chapitre. Que sera-t-il? Dieu seul le sait... Mais dans un temps comme le nôtre, tout est possible en France... » Et huit ans plus tard, presque jour pour jour, le vote du 10 décembre, prouvant qu'en France tout est possible, ajoutait à mon histoire ce dernier chapitre que j'avais annoncé.

Maintenant est-ce à dire que je n'ai pas subi dans une certaine mesure les idées, les mœurs et les lois des milieux divers dans lesquels la politique et les événements m'ont fait vivre ?

Eh qui donc, entre nous tous ici, arrivés aux deux tiers de la durée de la vie que Dieu nous accorde ici-bas, se peut vanter d'avoir échappé à cette influence? Quoi ! depuis plus de cinquante ans, Dieu a précipité trônes sur trônes, dynasties sur dynasties; les principes se sont heurtés et entre-détruits ; les hommes et les choses ont été livrés à ces grandes disputes auxquelles Dieu abandonne le monde... et vous faites à un homme le reproche de ce qu'il n'est pas resté cloué, jeune homme, aux idées de son enfance, homme mûr aux idées de sa jeu-

nesse, ou vieillard aux idées de sa maturité !.. Mais, où donc
sont-ils, les évènements et les hommes, les grandeurs ou les
hontes qui faisaient ses idées, sa foi, son culte... Où est
l'Empire, pour qu'un homme ait dû rester cloué aux idées de
l'Empire ? Où est la Restauration, pour qu'un homme ait dû
rester cloué aux idées de la Restauration ? Où est la monarchie de Juillet, pour qu'un homme doive rester cloué aux idées
de la monarchie de Juillet ?.. Quoi ! Empire, Restauration, monarchie de Juillet, sont tombés pour leurs fautes, et vous voudriez que, s'élevant contre la main de Dieu qui les a condamnés, un homme se casematât dans l'adoration de tout ce qui a
fait leur chute ?.. Et si après avoir cru que ces trônes, ces dynasties pouvaient vivre, il vient un moment où cet homme re-
connaît que Dieu et le peuple ont eu raison d'en délivrer le
pays... vous direz à cet homme : Vous avez varié dans vos
opinions! et vous lui en ferez un reproche ?.. En vérité, c'est
vouloir faire de l'homme et du penseur une borne sur la route
de la civilisation.

Non, non, et j'en fais honneur à mon intelligence, je n'ai
pas été dans le passé, et dans l'avenir je ne serai pas cette
borne, cette momie humaine.

J'ai marché, je marcherai encore... La vérité, comme à
tous, ne m'est venue, ne me viendra que peu à peu, comme Dieu
la dispense, lentement, à son heure, dans l'ordre même du
progrès dont Dieu a fait aux sociétés une loi de durée... Et
parce que je n'ai pas eu hier la vérité d'aujourd'hui, je ne me
piquerai pas du scrupule stupide de la nier, et de fermer mes
yeux à la lumière, sous prétexte qu'elle renverse de fond en
comble les idées que je m'étais faites et que j'avais exprimées...

Et franchement, je le dis sans orgueil, je n'ai jamais été
soumis à cette épreuve. Savez-vous pourquoi ? Parce qu'en prenant la démocratie pour point de départ, j'ai toujours entrevu
le point définitif où elle devait nous conduire. Je ne prenais
les temps d'arrêt imprimés par les nécessités des lois et des
mœurs, que pour des temps d'arrêt momentanés... mais l'étape
accomplie la veille ne me faisait pas nier l'étape qui devait être
accomplie le lendemain. Aussi ai-je pu, sans varier, rendre
justice à tous les pouvoirs, dans la mesure même pour laquelle
ils ont concouru à hâter l'acheminement de l'idée démocratique vers son but définitif.

L'Empire, je le dis tout haut, a fait sa large part démocratique en faisant par les camps et par le mérite personnel, l'application du principe d'égalité.

La Restauration, je le dis aussi haut, a fait sa part en nous
rendant l'élection et la discussion, ces deux grands éléments
de force populaire dans les pays libres.

La monarchie de Juillet, en subordonnant les droits de la couronne à l'élection et en acceptant la charte des 221, a fait avancer l'idée révolutionnaire de la souveraineté du peuple.

Que si après avoir rendu justice sur ce point à ces trois pouvoirs tombés, je les blâme hautement sur d'autres points qui ont causé leur ruine... vous m'opposerez à moi-même et vous me direz : Vous dites cela aujourd'hui de l'Empire, de la Restauration, de la monarchie de Juillet, et hier voici ce que vous en disiez ?.. Oui, mais ce que je disais hier était un jugement porté sur une chose, ce que je dis aujourd'hui est un jugement porté sur une autre chose... Montrez que sur la même chose j'ai eu deux jugements différents, et alors libre à vous de m'accuser de variations politiques... Mais cela, oh ! je vous en défie !.. je vous défie surtout de citer de moi, historien ou journaliste, une ligne, un mot qui ne soit une glorification de la démocratie, une aspiration intelligente de son avenir.

Autre grief à mon adresse ou plutôt seconde personnalité :

J'aurais demandé en 1847 la rédaction en chef du *Conservateur*, qui se faisait *avec votre argent* et celui de vos amis, et c'est parce que je n'ai pu l'obtenir que je suis devenu votre ennemi et celui des opinions que vous représentiez.

Ceci, Monsieur, n'est pas nouveau de votre part. Vous me l'aviez fait dire dans le journal bayonnais qui a pondu, couvé, mis au jour et poussé votre candidature; j'y répondis numéro par numéro dans l'*Éclaireur*. A une diffamation qui était une vérité, vous n'aviez alors comme aujourd'hui rien de mieux à opposer qu'une calomnie qui est un mensonge. Vous aviez confondu les actes et la distance matérielle et morale qui séparent le projet et la réalisation d'un journal. Entre ces deux époques, qui l'ignore ? tout journal subit des phases qui le modifient et souvent en changent du tout au tout la nature et l'esprit. C'était au mois de juin ou de juillet qu'il était question de moi pour la rédaction en chef du *Conservateur* ; c'est au mois d'octobre que le *Conservateur* parut. Au mois de juin ses fondateurs présumés voulaient faire de la conservation progressive, et l'auteur des *Révolutions de Paris* était possible pour la réalisation de ce programme ; mais en octobre tout était changé, le parti des bornes, et vous en étiez, avait l'influence dans les conseils de la formation du journal... et pour ce programme nouveau l'auteur des *Révolutions de Paris* fut tout d'une voix proclamé une impossibilité radicale. Franchement le parti des bornes avait raison. De cela je ne pouvais pas lui en vouloir, puisqu'il aurait dépendu de moi de me rendre possible ; je n'aurais eu qu'à me faire borne comme lui; mais que voulez-vous? je ne trouvais pas que ce fût chose facile. Lui au contraire, et vous le me faites voir, dut m'en vouloir tout naturellement de ce que je m'honorais de lui laisser sur moi cette triste supériorité.

Si, après la révolution de février, j'ai passé à la République, ce n'est donc pas rancune ; c'est tout simplement attraction. J'étais sur une pente, je l'ai descendue, voilà tout. Mais parce que je n'ai pas pu y entraîner après moi votre parti, faut il me faire un reproche de ce qu'à un moment donné j'aurais voulu remorquer des gens que j'ai dû bientôt laisser en arrière ? Ah ! que ne m'avez vous suivi alors!.. je vous aurais fait avancer; et qui sait? peut-être ne vous seriez-vous point perdus et n'au-riez vous point perdu la France.

L'audace de votre grief est donc bien étrange, Monsieur, pour ne rien dire de plus; car elle prouve contre vous, qui me reprochez de ne pas aimer cette société du milieu, où les aveugles, les obstinés, les cupides et les ambitieux avaient le droit de barrer le passage aux intelligents et aux désintéressés. C'est vous aussi qui légitimez et prouvez aujourd'hui la sincérité de mon républicanisme, par la haine et le mépris qu'ont dû m'inspirer alors vos pareils... Oh ! oui, je la hais cette société du milieu, si indignement organisée qu'elle a pu faire de vous et de ceux qui vous ressemblent des hommes puissants, et que des hommes comme moi n'ont pas pu y trouver leur place.

Et vraiment, il vous sied bien aujourd'hui de vous en vanter et de récriminer contre moi !

Mais pourquoi donc vous arrêtez-vous en si beau chemin ?

Pourquoi ne pas vous faire aussi une arme des lettres publiées par ce recueil de diffamations qui s'est appelé la *Revue rétrospective* ? il eût été édifiant et vraiment digne de votre parti de voir un ancien procureur général, un défenseur et un vengeur de la moralité publique, se faire devant la justice le complice d'une soustraction frauduleuse accomplie dans le bureau d'un ministre. Mais ces lettres, j'en parlerai, moi, car elles sont l'honneur de ma vie; en témoignant de ma pauvreté elles témoignent de mon indépendance.

Oui, après dix années d'études et de travaux historiques, après avoir renoncé huit ans au journalisme qui aurait apporté à moi et aux miens le pain de chaque jour ; après avoir, huit longues années durant, comme Bernard Palissy, l'émailleur de Limoges, jeté dans le creuset de mes travaux la dot de ma femme, ses cachemires, ses diamants, le bien à venir de deux enfants qui sont ma joie; après avoir mis au jour les deux premiers volumes sur huit de l'Histoire de la civilisation de la France accomplie par les révolutions du peuple de Paris, oui, je l'avoue, il est venu un moment où le pain a presque man-qué chez moi.

Alors on m'a fait souvenir, et je me suis souvenu, que j'avais un ami d'enfance, un compagnon de mes études de droit, qui était chef influent du cabinet du ministre dirigeant des destinées de mon pays ; je me suis souvenu que huit ans en arrière ce ministre lui-même n'avait pas été sans témoigner des sympathies pour ma personne et pour mes travaux, et que, son nom alors, comme aujourd'hui malgré sa chute, n'était jamais tombé de ma plume, quelle que fût la divergence de nos opinions en politique et en histoire, qu'accompagné de témoignages d'admiration pour son génie, et de considération pour son caractère. J'écrivis à cet ami, j'écrivis à ce ministre, et je leur dis : « J'ai besoin de 500 fr. »

Ah ! si j'avais été l'homme que vous voulez donner à entendre, tenez pour certain que je n'aurais pas été réduit à écrire une pareille chose. Mon talent, n'est-ce pas ? est assez haut pour qu'il eût pu avoir, comme tant d'autres moins élevés, sa large part au banquet perpétuel servi à la corruption et à la vénalité.

Mais ces 500 fr. je les demandai aux cent cinquante mille inscrits au budget de la France pour encouragement aux gens de lettres, et pour souscription à leurs travaux. Je dis du budget de la France, et non du budget de la monarchie, car c'est à la France seule que le budget appartient, et la preuve, c'est que la monarchie est tombée, et qu'il y a encore un budget en République.

Cette demande n'engageait en rien mes opinions ni ma personne. Le ministre de l'instruction publique avait accordé à mon libraire une souscription de 55 exemplaires de mon livre ; mais bien qu'entre lui et moi il y eût des alliances de famille, il n'avait pas cru devoir m'accorder un encouragement personnel. C'était juste : le livre était bon... l'auteur était mauvais.

Voilà, Monsieur, le triste objet des sollicitations qui m'ont été si vivement reprochées... et cependant qui ne sait qu'à diverses époques, j'ai eu parmi les ministres de notre pays, des membres qui me tenaient de près par les liens de la famille, et que si j'avais voulu solliciter... vous savez, monsieur,.. comme on sollicite ! j'aurais bien pu arriver enfin à une place quelconque de commis... Mais quoi ! avec les joies de mes livres bien-aimés, il m'eût fallu quitter aussi l'orgueil de mon indépendance, et après avoir appris mon corps à s'incliner, forcer ma pensée à se courber et ma langue à se taire... Ah ! j'ai mieux aimé garder ma pauvreté et la liberté dans le travail.

Aujourd'hui encore, si je voulais ; si l'homme qui, dites-vous, s'est jeté dans le républicanisme par dépit d'une rédaction en chef refusée, était le moins du monde ambitieux de places ou d'honneurs, il serait peut-être au nombre de ceux que voumême, Monsieur, vous viendriez solliciter. Tenez, voici une lettre qui m'a été adressée il y a quelques années. Pesez-en bien les termes :

« Monsieur,

« J'ai lu quelques extraits de vos écrits et votre biographie.
« Je veux être le premier à vous écrire directement Je puis dire,
« sans trop me flatter, qu'il y a bien des rapports entre nous ;
« comme moi, vous avez senti de bonne heure dans votre âme
« le retentissement des grandes choses ; comme moi, vous avez
« voulu répandre de saines doctrines au milieu d'une société en
« dissolution, et l'on a méconnu votre valeur et l'on n'a pas
« rendu justice à votre mérite ; enfin, vous voulez, comme moi,
« et par les mêmes moyens, la fin de nos luttes intestines, le
« triomphe de la raison. Venez donc vite me voir, je vous rece-
« vrai à bras ouverts, car je ne suis pas de ces hommes qui crai-
« gnent de montrer ce qu'ils sentent. J'ai pleine confiance dans
« ceux auxquels j'ai cru reconnaître une grande âme ; et si dans
« ce cas je me trompe quelquefois, je préfère encore mes erreurs
« aux froids calculs de l'égoïsme. »

Un an plus tard, Dieu m'avait envoyé le second de mes enfants ; il reçut au baptême les prénoms de l'homme qui m'avait écrit cette première lettre, et qui, après grand nombre d'autres, m'écrivit encore celle-ci, dont voici un passage : « Je « me considère comme le parrain de votre fils , autant que si « légalement il était mon filleul ; et je serai toujours prêt à pro-« téger ses jeunes années, si la fortune me permettait un jour « de récompenser mes amis et de faire tout le bien que mon « cœur souhaite à ceux que j'aime. »

Ces deux lettres, prises parmi toutes celles que j'ai là dans mes mains , signées du même nom et datées du même lieu , sont signées : Louis - Napoléon , et datées du château de Ham, en 1842.

Le captif de 1842 est devenu en 1848 président de la Républi-que. J'ai été le courtisan de sa captivité , je ne le suis pas de sa haute fortune. Je l'ai visité dans la forteresse de Ham ; au palais de l'Élysée-National il n'a jamais entendu parler ni de moi ni de mon enfant. Et cependant j'ai là plus de cent lettres, véritables lettres de change acceptées par la re-connaissance et par le cœur, dont pas une ne serait protestée à la présentation. Et cependant, au mois d'octobre, quand d'honorables citoyens , devenus aujourd'hui mes amis , m'ont appelé à la rédaction de l'*Éclaireur*, je n'ai pas hésité un instant. Le jour même de mon départ je l'ai vu, lui, l'ancien prisonnier devenu déjà représentant du peuple, plein de confiance en son nom et dans les grands souvenirs qu'il rappelle, et quand moi, je l'embrassai, en lui disant adieu, il me dit, lui, sur le ton du reproche : — Pourquoi partez-vous ? Attendez quelques jours, vous savez bien que si j'arrive vous arriverez. »

Je n'attendis pas, je partis le soir même.

Certes, il est arrivé, lui, n'est-ce pas ? Et moi, depuis ce jour, et je l'espère pour longtemps encore, me voici simple rédacteur d'un journal de localité, dans un coin perdu de vos belles contrées pyrénéennes. Bien plus, quand l'élection du 10 décembre arriva, je ne défendis point la candidature de l'homme qui, six semaines auparavant, m'avait dit : « Si j'arrive, vous arriverez. » Voulez-vous savoir quelles raisons j'ai eu d'agir de la sorte ? Eh bien !.... dans deux ans je vous les dirai. Aujourd'hui, je vous dis seulement... c'est que je ne veux pas arriver... Oh ! j'ai déjà vu passer trop de chutes soudaines et profondes pour qu'à mon tour je veuille m'aventurer sur cette mer des ambitions et des honneurs où je contribue moi-même à faire des tempêtes...

Mais assez ! assez... monsieur. Je me défends de ma triste fortune comme si j'en avais honte... et j'en suis fier ! Je me défends contre vos incursions dans ma vie privée, comme si moi je ne pouvais pas en faire dans la vôtre...

M. *Chegaray* interrompant : Faites, monsieur, faites !

M. *de Feuillide* reprenant avec une dédaigneuse vivacité : — Oh ! monsieur !.... moi, je me respecte.

Vous avez fait votre réquisitoire contre ma misère, je vais faire mon réquisitoire contre votre fortune ; vous avez voulu me jeter de la boue, je vais vous renvoyer du sang ; vous avez bâti sur le mensonge, je vais bâtir sur la vérité, et la vérité, monsieur, ce sera l'histoire.

III.

Non pas l'histoire, Messieurs les jurés, telle que les passions et les intérêts l'écrivent au moment où s'accomplissent les faits qui la constituent ; mais l'histoire, telle que la rectifient les générations qui, dans la marche du temps et les progrès des mœurs, sont les juges souverains et les redresseurs naturels de ces passions et de ces intérêts.

Ces redressements sont une nécessité morale, alors surtout qu'ils portent sur l'emploi que les partis dominants d'une époque ont fait des corps politiques pour juger les partis vaincus ; car alors ces jugements ont été de la nécessité et non de la justice. Eh ! le premier besoin comme le premier devoir des peuples n'est-il pas de faire rentrer la justice dans ses véritables voies ?

Ainsi le pensait ce moine de Marcoussi qui accompagnait
François 1er au tombeau d'Enguerrand de Marigny, mort
victime des réactions de la féodalité contre l'autocratie royale,
dont ce légiste révolutionnaire du XIVe siècle avait été le promoteur et le ministre.

— Quel malheur, disait le roi, qu'un si grand homme ait été
jugé par justice.

— Sire, répliqua le moine, il ne fut point jugé par justice,
il fut condamné par commissaires.

Aujourd'hui, Messieurs, en parlant des insurgés de Lyon de
1834 nous avons le droit de dire aussi : Ils ont été non jugés
par justice, mais condamnés par cour des pairs.

Ce sont là, Messieurs, des redressements de l'histoire. De nos
jours, ces redressements ont lieu toutes les fois que les peuples
se sont débarrassés par une révolution et des corps politiques,
et des intérêts qui les ont enfantés. Aussi, messieurs, les révolutions font elles à la fois le jour de la justice et l'affranchissement de l'histoire.

Deux fois, Messieurs, — en 1837 et aujourd'hui, et ce sont là
les deux seuls procès de presse qu'ait eus un homme qu'on vous
a fait si prompt à se venger de je ne sais quel prétendu refus
d'une rédaction en chef ; — deux fois, après deux révolutions,
il aura été dans ma destinée de concourir à hâter la venue de
cet affranchissement de l'histoire et de cette justice des peuples.

La première fois, en fouillant dans la collection des *Mé-
moires de tous*, j'y trouvai contre un crime dont la réaction
royaliste avait souillé Toulouse en 1815, la confirmation de
mes impressions et de mes souvenirs d'enfance. C'était après la
révolution de Juillet, en 1836. J'écrivis un livre, le *Tourneur de chaises*, contre des hommes que la voix publique et
des documents judiciaires signalaient comme ayant mis la main
à l'assassinat du général Ramel, et en faveur desquels, cependant, la magistrature royaliste de l'époque avait rendu un arrêt
de non lieu.

Ces hommes, je ne les connaissais pas ; je n'en avais reçu
ni injures ni services, ces deux sources fécondes de la haine et
de l'ingratitude ; mais, par droit et par devoir, je m'emparai
d'eux, de leurs noms, de leurs actes, de leurs paroles ; je les
fis penser, vivre et agir comme ils avaient pensé, vécu et agi,
et redressant sous la monarchie de Juillet l'histoire et la justice
politique de la Restauration, je dis à ces hommes : — « Vous
avez assassiné le général Ramel. »

Aujourd'hui, des circonstances que je n'ai ni fait naître, ni
recherché, et qui ont été produites par des événements supérieurs à toute volonté humaine, m'ont amené à faire, en République, pour l'histoire et contre la justice politique de la mo-

narchie de Juillet, ce que j'avais fait contre la justice et pour
l'histoire de la Restauration.

En 1834, la seconde ville de France avait été livrée pendant
six jours à toutes les horreurs d'une guerre civile et d'un siége
des rues comme en pays conquis. Non-seulement le gouvernement avait pu l'empêcher, et il ne l'avait pas fait, mais dans
un intérêt de domination , certains agents de son autorité y
avaient poussé dans une certaine mesure.

Au moment des élections du 13 mai dernier, les candidatures jetèrent sur mon chemin le nom d'un homme que je ne
connaissais pas, de qui je n'avais reçu non plus ni services ni
injures ; mais le nom de cet homme était resté dans ma mémoire ainsi que dans l'histoire des désastres de Lyon et du procès devant la cour des pairs, comme ayant joué un rôle de sinistre implacabilité. Au nom des principes de modération et
d'éternelle humanité, j'écrivis un article pour dire à cet homme :—«Que demandez-vous à la République qui a aboli la peine
de mort, vous qui avez demandé à la monarchie le fonctionnement à outrance de l'échafaud politique? »

En 1837, les assassins du général Ramel, disant que je les
avais diffamés, me traduisirent devant la police correctionnelle.

Ils étaient simples citoyens, la preuve des faits n'était pas
admise : je dus en appeler aux souvenirs de Toulouse, à la
conscience publique des contemporains qui se perpétue par la
tradition, à cette justice du peuple qui condamne souvent
quand la justice légale absout , et qui absout quand la justice
légale condamne. J'en appelai surtout à la différence des temps,
des mœurs , des principes ; et les temps , les mœurs et les
principes de la révolution de 1830, révisant les actes de la justice rendue sous l'empire des instincts et des passions de la restauration de 1815 , je fus renvoyé absous.

Je me trompe, absous en première instance! mais en cour royale, comme il était vrai que j'avais diffamé, bien que j'eusse diffamé en disant la vérité , et qu'en cela j'avais contrevenu à la
loi; la cour, faisant droit à ce qu'elle devait non aux diffamés,
mais à la loi, me condamna pour toute réparation à une amende
de 25 francs.

Messieurs, ce fut un acquittement, et vous conviendrez que
l'on peut, même à un prix plus élevé, acheter l'honneur de rendre
à la justice ses droits , et à l'histoire la vérité.

Aujourd'hui, Messieurs, j'attends pour ce procès une issue
encore plus heureuse.

L'homme dont j'ai cloué le nom aux pages de la répression sanglante de Lyon était alors un fonctionnaire public, un magistrat
politique. Quoi qu'il en ait dit, je n'ai poursuivi en lui que le
fonctionnaire public et non l'homme privé, le magistrat politi-

que et non le magistrat judiciaire. Quoiqu'il ait voulu vous le donner à entendre , je ne suis pas, je ne peux pas être son ennemi personnel vengeant une offense personnelle.

Moi, votre ennemi personnel, monsieur? allons donc ! est-ce que je vous connais, moi ? Est-ce que je vous ai jamais vu , jamais parlé ? est-ce que mon visage avant ce jour a jamais rencontré le vôtre ? Vous êtes pour moi un ennemi politique. Oui! car mes ennemis politiques je les prends partout où je les trouve, dans la boue, dans le sang... là où je vous ai pris !

Quant à mes ennemis personnels, je ne fais pas cet honneur à tout le monde, j'ai le droit de choisir, d'être difficile, et je les prends jusque sur des fauteuils de présidence.

M'étant attaqué à un fonctionnaire public, j'ai donc une double bonne fortune. La première, c'est d'être admis à faire la preuve des faits. Je n'ai donc plus seulement pour moi mes souvenirs de journaliste, l'émotion douloureuse d'événements qui soulevèrent la conscience publique ; j'ai pour moi ces feuillets inexorables où l'histoire contemporaine écrit jour à jour ses annales, et qui s'appelle le *Moniteur*.

Ma seconde bonne fortune , Messieurs , c'est de faire ces preuves devant le jury, devant vous, qui êtes la justice sortie des entrailles mêmes du pays, l'écho perpétuel de l'opinion, ce tribunal suprême du peuple, au-dessus duquel il n'y a plus que le tribunal de Dieu.

Aujourd'hui, Messieurs, comme en 1837, je viens demander compte aux vainqueurs politiques d'une époque de l'usage qu'ils ont fait de leur victoire. C'est ce qui fait que pas plus aujourd'hui qu'en 1837, le débat n'est entre deux hommes, entre M. Chegaray et moi, entre un représentant du peuple et un journaliste. C'est une époque nouvelle contre une époque ancienne. En 1837, c'étaient les principes de la Monarchie de Juillet contre les actes de la Restauration ; en 1849 , ce sont les actes de la monarchie de Juillet qui comparaissent devant les principes de la République.

C'est pour cela, Messieurs, qu'aujourd'hui comme alors je parle moins pour mes juges que pour le pays, moins pour arriver à votre conscience que pour pénétrer profondément dans la conscience publique. Et laissez-moi vous le dire , sans croire manquer en rien au respect que je vous dois, c'est pour cela que pas plus aujourd'hui qu'alors je ne m'inquiète de savoir si les principes au nom desquels je vais parler sont ceux sur lesquels reposent les opinions personnelles de mes juges. Ces principes sont écrits dans la Constitution qui régit la destinée de mon pays, cela me suffit pour savoir qu'ils sont la loi commune devant laquelle des hommes honnêtes et animés de l'amour de la patrie, feront fléchir leurs opinions individuelles.

Or, Messieurs, la constitution de notre pays , c'est la République. Mon droit est donc d'examiner les faits qui , dans le passé, ont fait obstacle à son avénement, avec les principes qui en ont été le germe et qui en sont le développement éternel.

Et comme la République est logiquement, providentiellement sortie du principe révolutionnaire de 89, c'est de la hauteur du principe révolutionnaire que j'ai le droit d'apprécier, soit dans leurs luttes , soit dans leurs défaites, soit dans leurs triomphes , les faits qui en ont été les conséquences.

En parlant de la sorte , je ne suis pas l'homme du fait accompli , s'inclinant lâchement devant le fait accompli; je suis l'homme d'un principe, s'inclinant devant un principe comme se sont inclinés depuis 89 les hommes mêmes qui l'ont combattu par leurs actes, et qui sont tombés précisément parce qu'après l'avoir accepté , ils sont allés par une route , tandis que lui leur en indiquait une autre.

Ne croyez pas non plus qu'en légitimant aujourd'hui , au nom de la République, ce qui s'est fait contre la monarchie de Juillet, j'invente un précédent pour les besoins de ma cause ; je ne suis en cela que l'imitateur des pouvoirs qui se sont succédés en France depuis plus d'un demi siècle; l'imitateur de la monarchie de Juillet qui a légitimé elle-même, et vous le savez bien vous , monsieur, tout ce qui s'était fait contre la Restauration ; l'imitateur de la Restauration qui a légitimé tout ce qui s'était fait contre l'Empire ; l'imitateur de l'Empire qui a légitimé tout ce qui s'était fait contre le Directoire et les anciens régimes déchus.

Et cela a été ainsi parce qu'au dessus des intérêts et des passions du moment , il y a la logique éternelle des principes qui veut être obéie.

Or, messieurs, le principe révolutionnaire est le principe sous l'action duquel, depuis 89, la société n'a cessé de marcher : idées, mœurs, lois, constitutions , oppositions , partis avancés et partis des bornes eux-mêmes.

Donc, tout ce qui s'est fait en France au nom du principe révolutionnaire a été légitime; tout ce qui s'est fait contre lui a été illégitime.

La République, comme son avénement l'a prouvé, comme l'ont prouvé en un demi-siècle, coup sur coup et à quinze ans de distance les unes des autres, les chutes des trois réédifications monarchiques qu'on a appelées la monarchie du génie, la monarchie du vieux droit, la monarchie du pacte constitutionnel; la République était en germe dans le principe révolutionnaire, comme le chêne est dans le gland. Elle en a été la conséquence logique, forcée, providentielle. Les hommes se sont agités depuis un demi-siècle pour s'en éloigner; Dieu qui les mène les y a ramenés de plus en plus. Voilà pourquoi, Monsieur, j'ai fait ce qui dépendait de moi pour vous empêcher d'aller à la Législative; car vous qui avez tout fait pour faire obstacle à la République, vous étiez du nombre de ceux qui, par leurs précédents, étaient engagés à travailler par-dessous main à la rendre impossible... Ce travail souterrain se poursuit à cette heure avec une audace qui m'épouvante... Oui, j'ai peur, j'ai peur! non pas pour la République... pour vous!. Oh! cette fois encore Dieu vous y ramènera forcément... mais cette fois aussi, vous saurez ce qu'il en aura coûté à la France et à vous même

Pour que la République ne revînt pas, il faudrait que le principe révolutionnaire disparût. Arrachez donc, si vous le pouvez, cinquante-cinq années de notre histoire, et nos lois et nos mœurs démocratiques, dont le flot monte, monte toujours, soulevé par le principe de l'égalité! Arrachez donc à la France son cœur, son sang, ses entrailles: car elle est révolutionnaire jusques dans son sang, dans ses entrailles, dans son cœur....

Faites aussi, si vous le pouvez, que le principe révolution-naire n'ait pas été accepté, reconnu, proclamé comme le principe de la civilisation, par tous les gouvernements qui, depuis un demi siècle, en ont subi malgré eux l'influence.

A-t-il été reconnu par l'Empire?

Oui, oui. Napoléon disait avec orgueil: «Qui donc peut se vanter comme moi d'être l'élu de quatre millions de Français?» Or l'élection du pouvoir c'est le principe révolutionnaire.

A-t-il été reconnu par la Restauration?

Oui, oui. La Restauration laissa debout tout ce que la révolution avait élevé; elle laissa à terre tout ce que la révolution avait renversé: l'aristocratie, le pouvoir temporel et les richesses du clergé, la royauté absolue, les priviléges des corporations de la bourgeoisie! Toutes ces ruines, choses, hommes, institutions, n'étaient-elles pas le principe révolutionnaire?

A-t-il été reconnu par la monarchie de Juillet?

Oui, oui. La monarchie de Juillet a accepté, en l'escamotant il est vrai sous le gobelet du monopole, mais enfin elle a accepté la souveraineté du peuple. La souveraineté du peuple n'est-elle pas la sanction la plus élevée du principe révolu-tionnaire?

C'est donc, Messieurs, le principe révolutionnaire qui domine ce procès, comme il domine la Constitution et les destinées mêmes de notre patrie. C'est lui qui doit donc présider à la ré-vision des vengeances politiques de la monarchie de Juillet, sous peine à vous de condamner le principe même du gouver-nement de la République.

2

Mais il y a, Messieurs, pour présider à la révision du procès de Lyon, des principes plus hauts, plus irréfragables encore que le principe révolutionnaire. Il y a le principe de l'humanité, il y a le principe de la justice. Ces principes ne sont ni d'un temps, ni d'un peuple, ni d'un parti. Ils sont de tous les partis, de tous les temps, de tous les peuples. Eternels, universels, ils sont comme Dieu... ils mènent le monde.

Messieurs, pour que vous puissiez mieux comprendre le droit que j'ai eu de faire peser sur M. Chegaray, soit comme procureur du roi de Lyon en 1834, soit comme avocat général devant la cour des pairs en 1835, les accusations par lesquelles il se prétend diffamé ; pour que vous puissiez mieux comprendre le caractère de ces accusations elles mêmes, il faut que je retrace rapidement les événements auxquels M. Chegaray s'est mêlé ; et non-seulement ces événements, mais leurs causes, dont la vérité a été étouffée sous les passions et les intérêts dominants de l'époque.

Ces événements et leurs causes ont été, non le germe, mais le signal de l'explosion des idées qui ont fait sortir de la fournaise révolutionnaire des principes de 89, le problème terrible qui agite et qui agitera longtemps encore notre patrie.

Ce problème, Messieurs, s'appelle le travail.

Le travail ! cette espèce de fonds commun des sociétés modernes et surtout de la société démocratique, qu'il perpétue et rend puissante.

Le travail ! cette grande loi de l'humanité dont Dieu a fait tout à la fois un châtiment et un moyen d'amélioration matérielle et morale. Le travail aux besoins duquel, dans l'existence de l'humanité, il a été répondu par cette exploitation de l'homme par l'homme qui s'est appelée l'esclavage dans la société antique du paganisme, par le servage dans la société chrétienne et féodale du moyen âge, et dans la société philosophique et bourgeoise des temps modernes, par le salaire, cette exploitation de l'homme par l'argent, que Châteaubriand appelle la troisième et dernière forme de la servitude.

Dans sa longue et douloureuse ascension vers l'acccomplissement des promesses apportées au monde par l'Evangile, le travail a enfanté dans les sociétés nouvelles deux intérêts puissants ignorés des sociétés anciennes : le travail libre et la grande industrie :—Toute une société qui est venue se greffer sur la vieille société civile et politique pour la transformer profondément ; car elle apporte le mouvement comme règle, l'intelligence comme propriété, les bras comme capital, le travail comme droit, l'association comme vie, et l'indispensabilité mutuelle comme égalité entre celui qui possède et celui qui féconde, entre le capitaliste et le travailleur.

C'est le conflit de ces deux éléments de la civilisation démocratique, le travail libre et la grande industrie, qui éclata pour la première fois à Lyon en 1831.

Je parle de ce conflit, Messieurs, parce que sans lui on ne pourrait pas apprécier sous son jour véritable l'insurrection qui éclata dans la même ville en 1834 et dont les faits et leurs conséquences ont donné lieu au procès actuel.

En 1831, comme avant, comme depuis, une population immense d'ouvriers vivait à Lyon dans le faubourg de la Croix-Rousse, et dans les deux autres faubourgs de Vaise et de la Guillotière, qui sont comme autant de cités aux flancs d'une grande cité. — Espèce de végétation humaine qu'étiolent et déciment le virus d'habitations malsaines, les fatigues sans merci de l'atelier, et dont les misères se résument dans cette désignation de *canuts* dont on leur fait une injure.

En 1831, l'organisation de la fabrique lyonnaise était ce qu'elle avait été sous la Restauration, ce qu'elle est encore.

L'industrie des soieries occupait de 30 à 40 mille ouvriers compagnons.

Au-dessus d'eux se trouvaient 8 à 10 mille chefs d'ateliers, propriétaires chacun de 4 ou 5 métiers, et employant les ouvriers compagnons moyennant la moité du salaire payé par les fabricants.

Au dessus encore de la classe des chefs d'ateliers était celle de ces mêmes fabricants au nombre de huit cents environ.

Enfin, entre les fabricants et les chefs d'ateliers, et les dominant les uns et les autres, se plaçait la classe des commissionnaires, chargés de fournir les matières premières au travail et au capital. A Lyon, comme partout, ces hommes étaient les tyrans, les sangsues de l'industrie.

Il résultait de cette organisation que les commissionnaires pesaient sur les fabricants, les fabricants sur les chefs d'ateliers et les chefs d'ateliers à leur tour sur les ouvriers compagnons. C'était, comme vous le voyez, l'organisation d'une oppression continue et de tyrannies superposées.

Seuls, les temps de prospérités les rendaient supportables.

Mais des circonstances étrangères et antérieures à l'année 1831, dont la crise industrielle en fût augmentée, vinrent porter subitement atteinte à la prospérité et à l'industrie lyonnaise.

La Suisse, l'Allemagne, l'Angleterre, la pauvre Irlande elle-même virent établir chez elles de nombreux métiers qui les affranchirent du tribut qu'elles avaient longtemps payé aux soieries de Lyon.

De plus, dans Lyon même, depuis 1824, cette époque de la

fièvre industrielle de la France, le nombre des fabricants s'était démesurément accru.

Ainsi, la concurrence intérieure avait ajouté ses causes de ruine à celles de la concurrence extérieure, assez ruineuse déjà ! et l'une et l'autre étaient poussées à leurs dernières limites.

Les fabricants qui avaient les reins forts, continuèrent à s'enrichir. Mais les autres, et c'était le plus grand nombre, faisaient peser la perte de leurs bénéfices sur les chefs d'ateliers, et ceux-ci à leur tour sur les ouvriers compagnons.

Les choses, en 1831, en étaient arrivées à ce point que le salaire, qui, pour l'ouvrier intelligent et actif, était de 4 à 6 fr., descendit par degrés à 2 fr., à 1 fr. 75 c., à 1 fr. 25 c., et au mois de novembre où ne le comptait plus par francs, il était tombé à 90 c.

Arrivé là, le salaire ne fournissait plus à l'ouvrier ni la nourriture, ni le logis, ni le vêtement de la famille...... et pourtant quel logis, quel vêtement, quelle nourriture !

Alors des cris de détresse s'élevèrent du fond de toutes ces entrailles affamées, de tous ces logements nudifiés et de tous ces ateliers où il n'y avait plus ni travailleurs, ni instruments du travail.

Lyon avait alors pour préfet un administrateur habile... mais qui n'avait pas gagné, à vivre parmi les cartons officiels, cette lèpre morale que l'on peut appeler la carie du cœur.

M. Bouvier-Dumolard ne se fit pas illusion : le dilemme de la situation n'avait pas de terme moyen ; il fallait ou satisfaire aux exigences légitimes de la population ouvrière ou... l'exterminer.

Le préfet de Lyon prit le premier parti ; je le dis à son éternel honneur. Mais je dirai aussi à la honte éternelle du gouvernement d'alors qu'il en fut bientôt puni par une brutale et odieuse révocation.

Convoqué par ses soins, un conseil de prud'hommes, composé en nombre égal d'ouvriers, de chefs d'ateliers et de fabricants, parvint, après des séances orageuses et bien des moyens dilatoires, à fixer un tarif, non de maximum. oh ! non ; mais de minimum de salaire, au-dessous duquel le prix du travail ne pourrait plus descendre.

A cette grande nouvelle, les ouvriers de Lyon tressaillirent de joie ; ils illuminèrent leurs mansardes et les soupiraux de leurs caves... Joie et triomphe bien légitime, Messieurs... ils avaient tout juste de quoi vivre en travaillant !

Eh bien ! on leur en fit un tort. L'agitation passa des ouvriers aux fabricants... « Le tarif, disaient ceux-ci, était une insolente atteinte à la liberté des transactions ; tous d'ailleurs n'y avaient pas adhéré ; et de quel droit l'autorité s'avisait-elle d'intervenir entre le riche et le pauvre , entre le travailleur et le capitaliste ? »

Oui, Messieurs, en ce temps, la liberté et l'autorité s'entendaient du droit pour une partie de la population d'écraser l'autre partie.

Enfin , de cet amalgame de rancunes de mauvais citoyens, et de sophismes de mauvais cœurs, il sortit une protestation de l'alliance des fabricants et des commissionnaires contre les *canuts* et les chefs d'ateliers.

Le tarif ne fut plus exécuté. Les ouvriers prirent l'alarme ; la cessation du travail fut décrétée par eux;.. et durant une semaine leurs processions se traînèrent par la ville sans clameurs, sans armes, sans menaces, graves et solennelles comme les processions du chômage et de la faim.

Une revue de la garde nationale vint mettre le feu à ce foyer de colères et de ressentiments... L'uniforme du fabricant railla la veste et la blouse de l'ouvrier ; et le lundi 21 novembre , des gardes nationaux s'étant avancés la baïonnette en avant contre une procession d'ouvriers , furent désarmés , dispersés en un tour de main. C'en était fait : la bataille était engagée...

Les barricades se forment, la fusillade et le canon font leur épouvantable besogne. Marchant sur Lyon au son du tambour, les ouvriers de la Croix-Rousse déploient dans leurs rangs ce drapeau noir dont l'inscription : «*Vivre en travaillant ou mourir en combattant !*» est devenue le cri à la fois touchant et sinistre de la Jacquerie industrielle.

Les troupes furent culbutées et chassées de la ville, les ouvriers furent les maîtres, les maîtres absolus du 21 novembre au 5 décembre. Il n'y avait chez eux ni passions ni ambitions politiques, ni soif de vengeance, ni amour de pillage. Ils font prisonnier le préfet qui après avoir servi leur cause l'avait presque trahie , et ils le renvoient sain et sauf à son administration ; ils font prisonnier le général Ordonneau, et ils le renvoient à ses régiments ; ils s'installent à la municipalité et ils l'administrent au nom du roi , et bientôt ils la remettent aux fonctionnaires du gouvernement royal ; ils s'emparent de la Banque et de la Monnaie, mais c'est pour y exercer la surveillance armée la plus rigoureuse; ils se répandent dans les quartiers opulents, mais c'est pour faire sentinelle au seuil de la porte des riches ; ils marquent d'un signe les maisons des fabricants les plus acharnés à leur perte, mais c'est pour en faire l'objet d'une protection plus spéciale...

Pour tout dire, Messieurs, la conquête de Lyon par les *canuts.*

en 1831, restera dans l'histoire comme l'éternel honneur du prolétariat.

Voici quelle en fut la récompense. Le 5 décembre la ville ouvrait respectueusement ses portes au maréchal Soult et au duc d'Orléans, qui étaient accourus avec une armée nombreuse, tambour battant, canon roulant, mèche allumée.

Les ouvriers furent désarmés. Lyon, traitée en ville conquise, reçut une garnison de trente mille hommes ; et à la Croix-Rousse, pour lui apprendre à ne plus nier la suprématie du capital, on dressa une ceinture de forteresses hérissées de canons.

— Et le tarif, me direz-vous ?..

— Le tarif? Des deux vainqueurs entrés à Lyon sans coup férir, l'un était le maréchal Soult, une glorieuse épée sans contredit, mais bien inintelligent de ce qui n'était pas la guerre, la discipline ; prêt à trancher tous les nœuds gordiens de la société, mais non à les débrouiller. L'autre c'était le duc d'Orléans. Oh ! lui, le digne et malheureux prince, si son testament n'est point un document apocryphe, il semblait comprendre ces grandes questions modernes, par le cœur autant que par l'esprit... Mais que pouvait-il ?.. il subissait la loi du milieu dans lequel il vivait ; et dans le milieu où il vivait, on se réjouissait outre-mesure de la facilité avec laquelle l'insurrection lyonnaise avait été pacifiée.

Qu'était-ce en effet qu'une guerre de tisseurs, pour quelques centimes retranchés au prix de la journée qui les faisait vivre? et pourquoi s'en inquiéter ? On n'avait crié durant la bataille, ni vive Henri V, ni vive Napoléon, ni vive la République ! Bien au contraire, ces pauvres *canuts* s'étaient glorifiés d'avoir *gardé la ville au roi*. Donc, je vous le demande, qu'y avait-il de mieux, pour la société et pour le pouvoir, que de retourner, l'une à ses plaisirs et à son monopole, l'autre à ses querelles de portefeuilles et à ses préoccupations d'éternité dynastique.

Imprudents, égoïstes, aveugles ! Industrielle, l'insurrection était bien plus formidable que si elle eût été politique.

Elle était le premier signal de cette guerre sociale qui a eu tant d'autres phases depuis, et qui nous ouvre les abîmes de l'inconnu. C'étaient les Spartacus modernes qui livraient à l'exploitation de l'homme par le capital, la bataille que les Spartacus de l'antiquité avaient livrée à l'exploitation de l'homme par l'homme.

Ah ! rois, ministres, pairs, députés ! vous ne comprenez pas cette phrase comminatoire du prolétariat : *Vivre en travaillant ou mourir en combattant !* eh bien ! les idées, les besoins, les mains qui l'ont écrite, vont, à trois ans de distance, en écrire une autre plus significative, et qui menace d'une ruine plus immédiate, votre puissance et vos monopoles.

Vous aviez nié presque l'insurrection de 1831, parce que vous en aviez méconnu l'esprit; eh bien! en 1834, elle va vous parler le seul langage que la routine vous ait appris. Vous ne croyez qu'à la politique, elle se fera politique. Vous n'avez peur que de la République; elle criera: — République!

Mais hélas! sous cette forme nouvelle, ce sera encore le terrible dilemme de la vie par le travail, ou de la mort par le combat. Elle sera encore une question sociale, et elle aura pour appendices triomphants ou écrasés tour à tour les terribles journées de 1848, qui se sont appelées le 24 février, le 15 mai, le 23 juin... Symptômes et rugissements tout ensemble des tempêtes que le xixe siècle recèle dans ses flancs, et contre lesquelles, hélas! aujourd'hui, comme en 1834, les mêmes hommes sont habiles à lancer les mêmes sophismes, à soulever les mêmes épouvantes; mais contre lesquelles aussi, aujourd'hui comme en 1834, ils sont sans prévisions, sans intelligence, sans bonne volonté. Oui, aujourd'hui comme en 1834 encore, les mêmes hommes croient les avoir dissipées, parce qu'ils ont tiré quelques coups de canon, ou lancé quelques réquisitoires dans leurs nuages noirs; mais, hélas! nous les voyons se reformer plus amoncelées, plus rapprochées, plus furieuses pour crever un jour ou l'autre sur nos têtes ou sur celles de nos enfants.

IV.

Messieurs,

— A Lyon, en 1834, la question se posa comme en 1831: « Satisfaire la population ouvrière ou exterminer. »

Vous avez vu qu'en 1831 l'autorité administrative avait pris le premier parti. L'autorité administrative et judiciaire prit le second en 1834; on s'insurgea, on se battit, on mitrailla, on égorgea, on extermina.

C'est en ces quelques mots, Messieurs, que je voulais vous résumer l'esprit et les faits de l'insurrection lyonnaise de 1834.

Mais mon adversaire ne me permet plus ce laconisme.

Pour lui, depuis 1834, quinze années ne se sont pas écoulées; des faits restés inconnus ne se sont pas produits au jour; l'histoire n'a pas été écrite; la conscience publique n'a point parlé; les juges n'ont pas été renversés de leurs siéges; les condamnés n'ont pas été réhabilités par la souveraineté populaire qui les a envoyés à la Constituante et à la Législative; un gouvernement, un trône et une dynastie, n'ont pas été frappés par le tonnerre du peuple; la monarchie n'a pas été remplacée par la République!

En 1849, M. Chegaray vient parler devant la justice du pays, comme en 1835, il avait parlé devant la vengeance politique de la cour des pairs.

Au roman de son réquisitoire d'alors et de sa défense d'aujourd'hui, je dois donc opposer la vérité de l'histoire.

M. Chegaray vous a dit que l'insurrection lyonnaise de 1834 avait été une insurrection politique. Mais ce qu'il ne vous a pas dit, et ce que je vous dirai, moi, c'est que le travail du gouvernement et de ses agents, dont il faisait partie, consista précisément à enlever à l'insurrection le caractère industriel qu'elle avait dans son origine, pour lui imposer, au moment de l'explosion, ce caractère politique qu'il vous a signalé.

Chose étrange, en effet, Messieurs, mais qui prouve combien l'existence de la monarchie de Juillet était liée à l'existence du monopole, perpétué par la répression dans l'état social non moins que dans l'état politique !

Pendant que le gouvernement s'efforçait de ne voir dans l'insurrection lyonnaise qu'une lutte d'intérêts entre les fabricants et les ouvriers, une lutte de hasard qui ne pouvait en rien affecter l'avenir, il prenait toutes les précautions pour en prévenir le retour. Ses paroles affectaient la tranquillité, ses actes annonçaient le trouble.

Le chiffre de la garnison fut augmenté? Il n'était que de six mille hommes dans la ville, vous a-t-on dit; soit! mais il était de plus de trente mille dans les villes voisines. C'était une armée en campement, toujours prête à marcher au premier signal. Des fortifications furent élevées autour de la cité industrielle; et, à une distance de 1,500 mètres une ceinture de canons pouvait vomir la mitraille sur l'hôtel de ville.

Tel était, Messieurs, au dedans et au dehors, l'aspect matériel et stratégique de Lyon en 1834.

Cette année 1834 est, il faut le dire, une des plus sombres et des plus funestes de cette malheureuse monarchie de Juillet, qui, née sur les barricades au nom de la liberté, devait être renversée par des barricades élevées contre la compression de toutes les libertés.

Elle vit promulguer, entre beaucoup d'autres, une de ces lois qui, en s'attaquant aux droits antérieurs et supérieurs, à toute convention politique et sociale, portent perpétuellement en elles des causes de révolution.

Je veux parler de cette déplorable loi contre les associations qui aggravait le fameux art. 291 du code pénal, légué à la Restauration par le despotisme de l'Empire, et que l'Empire lui-même avait été réduit à aller chercher, mot pour mot, à travers les despotismes de tant de siècles, jusque dans les capitulaires de Charlemagne.

Ne pensez pas, Messieurs, que je vienne traiter devant vous la théorie du droit absolu d'association. Non, je reconnais aux sociétés politiques le droit de veiller à leur sûreté, de se défendre à leurs risques et périls. Je vous abandonne donc, dans une certaine mesure, le droit absolu de l'association politique.

Mais je réserve en son entier le droit d'association humaine, d'association fraternelle, d'association.. sociale, si je peux ainsi parler ; de celle qui est inhérente à la nature même de l'homme, à son caractère divin de sociabilité, de celle sans laquelle l'homme serait encore dans l'état sauvage, de celle qui est fondée sur les principes de la charité évangélique, laquelle fait aux hommes une loi et un moyen de s'aider les uns les autres; pour tout dire enfin d'association des faibles entr'eux.

C'est une association pareille qui, sous le nom de Mutuellisme existait à Lyon, depuis 1828, entre tous les ouvriers de la fabrique lyonnaise.

Elle était si bien une association purement industrielle., purement fraternelle, fondée dans l'unique but de l'assistance mutuelle, que ses statuts jurés par serment interdisaient de la manière la plus formelle toute discussion de religion ou de politique, ces deux grands ferments de discorde parmi les hommes.

Aussi la Restauration l'avait-elle respectée.

Aussi M. le procureur général Martin (du Nord) lui-même, devant la cour des pairs, en 1835, lui avait-il rendu ce témoignage : *Son but était moral et philanthropique, ses règlements sages et modérés !*

Quoi! elle était tout cela, et quand la loi contre les associations fut discutée, le gouvernement repoussa impitoyablement l'amendement par lequel M. Taillandier voulait établir une exception en sa faveur ! Quoi ! elle était tout cela, et le gouvernement n'a point de repos qu'elle n'ait cessé de l'être !.. Ah! la faute en fut à vous, Monsieur, pour une grande part.

Pour comble de malheur la présentation de la loi qui menaçait à Lyon l'association mutuelliste coïncida avec deux faits bien funestes.

L'un était l'existence à Lyon de la société politique des Droits de l'Homme ; je vous en parlerai. L'autre, le voici :

La situation de la fabrique lyonnaise était redevenue, sous la pression incessante d'une concurrence meurtrière, ce que nous l'avons vue en 1831. Et, comme pour ajouter à ces deux causes de colères, dans l'âme des ouvriers et des pauvres, la maison du fabricant et du riche était livrée à une recrudescence de joie triomphale. Le bruit des métiers cessait, le bruit des bals et des fêtes augmentait. Une réduction de 25 centimes par aune sur le prix des peluches rendit une crise imminente.

Mon Dieu, comme il vous l'a fait remarquer, lui, qu'était cela, 25 centimes ? Oui, pas grand chose pour qui est habitué à vivre de gros traitements. Mais pour un ouvrier, 25 centimes c'est souvent plus qu'une livre de pain à retrancher. Et puis c'était beaucoup, parce que cette réduction portait sur un salaire déjà insuffisant ; et que par les souvenirs de 1831 elle était une porte ouverte à des réductions nouvelles.

Il vous a dit encore : « La réduction ne frappait pas sur le grand nombre : les ouvriers en peluche forment la catégorie la plus minime de la fabrication lyonnaise.» Oui, et c'est pour cela qu'on avait commencé par les faibles, pour arriver ensuite aux forts. Mais c'est précisément aussi pour cela que l'association est une puissance et un bienfait. Les faibles s'adressèrent aux forts, et leur dirent, en vertu de la mutualité : « Venez à notre aide ! » Et les forts comprirent ; et, appliquant largement et loyalement le principe de la solidarité, la société mutualiste mit en question la suspension des travaux. L'interdit fut lancé, et le 20 février, 20,000 métiers avaient cessé de battre.

Lyon vit se dresser alors en fantômes sanglants les souvenirs de novembre 1831. Il se sentit frappé de consternation et d'épouvante ; tous les visages étaient inquiets ou menaçants ; toutes les poitrines étaient oppressés par cet air lourd et étouffant qui précède les orages parmi les peuples comme dans le ciel.... la guerre civile était dans l'air.

Que faisaient les fabricants ? —Ils s'entr'excitaient à ne pas faire de concessions.

Que disaient-ils ? — Qu'il leur fallait une revanche de novembre.

Comment s'exprimaient leurs journaux ? — « Il est urgent, disaient-ils, de donner enfin aux ouvriers une vigoureuse leçon. »

Et l'autorité quelles étaient ses dispositions ? — Celles des fabricants... Et non-seulement l'autorité militaire qui ne connaît que la baïonnette et le canon ; mais encore l'autorité civile, l'autorité administrative, plus spécialement chargée des intérêts généraux et privés des citoyens. Et non-seulement l'autorité administrative, mais encore l'autorité judiciaire, non celle qui applique la loi, mais celle qui en surveille et en requiert l'exécution.

Cela était ainsi, parce que fabricants et gouvernement avaient un intérêt, sinon de même nature, au moins égal pour le résultat, à faire éclater une crise qui allait assurer aux premiers la tyrannie du capital, et raffermir le second contre les périls qui le menaçaient.

A cette époque déjà, l'essai qui avait été fait de ce que Lafayette avait appelé la meilleure des Républiques, avait donné à des opinions presqu'inaperçues sous la Restauration et sans grande influence sur les journées de Juillet, une activité et une puissance de prosélytisme incroyables... Elles s'étaient, comme toutes les opinions à leur origine, réfugiées dans les sociétés secrètes.

Rendu à sa pente par la révolution de 1830 qui avait proclamé la souveraineté du peuple, le principe révolutionnaire marchait fièrement à sa conclusion suprême, qui est la République.

Se sentant menacé par la loi contre les associations, le parti républicain se mettait en mesure d'organiser partout la résistance; et l'un de ses principaux moyens était de s'appuyer aux associations industrielles, et même de se fondre avec elles.

Le gouvernement le savait. La monarchie des d'Orléans se trouva envers les républicains dans la même position où la monarchie des Valois s'était trouvée en face des Huguenots. Il fallait ou écraser ou être écrasé. Quoi, enfin?.. une St-Barthélemy républicaine, comme il y avait eu une Saint-Barthélemy protestante !

Mais si le gouvernement avait intérêt à livrer bataille, les ouvriers mutuellistes avaient intérêt au contraire à ne pas transformer en guerre politique une guerre de tarifs.

Si le gouvernement était prêt, car il avait sous la main dans les murs et autour de Lyon, tout son personnel et son matériel de guerre, la société des Droits de l'Homme ne l'était pas.

Toutes ses avances à la société des Mutuellistes n'avaient pu embaucher que quelques individualités sans consistance ; et les deux sociétés avaient fonctionné jusque-là, chacune dans sa sphère, sans plus se confondre dans les moyens que dans le but.

Que fallait-il donc au gouvernement et aux fabricants? Forcer les deux sociétés à s'appuyer l'une sur l'autre pour avoir l'occasion et se créer le droit de les frapper du même coup.

Après huit jours de chômage, cédant aux sollicitations de quelques honorables citoyens de Lyon, parmi lesquels se trouvaient des membres influents de la société des *Droits de l'Homme*, le conseil exécutif de la société des *Mutuellistes* ordonna la reprise des travaux. Le conseil exécutif fut obéi ; le 22 février les métiers battirent de nouveau à Lyon.

Certes, Messieurs, un gouvernement sage, un gouvernement

prévoyant, un gouvernement paternel qui aurait voulu l'ordre par la pacification des esprits et non par la répression des corps, se serait réjoui de cette issue d'une crise qui rapprochait une fois encore des intérêts éternellement ennemis.

Certes aussi, des magistrats animés du respect de la loi et de l'amour de la justice, auraient été heureux que force fût restée à la loi sans avoir eu besoin d'en appeler à ses rigueurs.

Si vous aviez été le gouvernement, MM. les jurés, c'eût été votre joie; si vous aviez été magistrats à Lyon, vous en auriez fait votre bonheur, messieurs de la cour. Eh bien! ce ne fut pas la joie du gouvernement d'alors, ce ne fut pas à cela que le magistrat qui tenait le parquet de Lyon fit consister son bonheur.

Tant que le chômage avait duré, certes le délit de coalition avait été flagrant!.. eh cependant aucune poursuite n'avait été ordonnée, aucune arrestation n'avait été faite.

En revanche, le lendemain même du jour où les travaux avaient repris; au moment où les ouvriers devaient le moins s'y attendre, et où les fabricants avaient cessé de le désirer, six Mutuellistes sont arrêtés comme promoteurs, comme chefs de la coalition... de la coalition qui n'existait plus.

Quelle pensée atroce ou ambitieuse avait donc traversé l'esprit du procureur du roi de Lyon? De cette pensée, messieurs, une insurrection allait sortir.

A cette pensée soufflée de Paris ou éclose dans Lyon même, vint se joindre la nouvelle de l'adoption de la loi contre les associations.

Un seul cri s'élève terrible, menaçant. La population ouvrière se sent, non pas entraînée, mais provoquée, poussée à la révolte. Elle s'y jette à corps perdu.

D'un côté 2,500 signatures protestent en termes énergiques contre l'abolition de leur société d'assistance mutuelle.

D'un autre côté, 20 chefs d'ateliers écrivent au procureur du roi: « Nous aussi nous étions membres du conseil exécutif qui a ordonné la suspension des travaux; nous demandons à partager le sort de nos camarades. »

Ils étaient bien dans leur droit, ils ne demandaient que le bénéfice de l'égalité devant la loi.

A partir de ce moment, sous la triple action de la police lyonnaise, qui en 1834 coûta 320 mille francs au budget de la France, de l'adoption du projet de loi contre les associations, et des poursuites intempestives du parquet de Lyon... la lutte devient imminente de plus en plus.

A cette triple action se joint celle de journaux incendiaires qui, sans être poursuivis, peuvent chaque jour prêcher la révolte et la fusion de la société industrielle et de la société politique. Aussi, jour à jour, membres de la société mutuelliste, membres de la société des Droits de l'Homme, s'excitent-ils à n'avoir plus qu'un même intérêt et n'ayant qu'un même intérêt à se faire soldats de la même cause. Aussi allez-vous voir que la police, la chambre des députés et le parquet de Lyon firent plus de républicains en deux mois que tous les propagandistes de République ensemble n'avaient fait depuis quatre ans.

Arrive en effet le 5 avril, jour fixé pour le jugement des mutuellistes.

La place du palais de justice, les avenues et l'enceinte de tribunal sont encombrées par plus de dix mille ouvriers. Ce n'était encore là qu'une démonstration. Ni cris, ni clameurs, ni menaces ; mais c'était plus effrayant peut être par cela même.

Voici qu'un témoin est accusé de mensonge, qu'un gendarme se montre insolent. La multitude se soulève, le procureur du roi se précipite, compromet sa toge, se collette avec la foule ; des soldats arrivent: « A bas la baïonnette ! » crie le peuple ; les crosses sont mises en l'air et le soldat fraternise avec l'ouvrier.

Le jugement avait été renvoyé au 9. Personne dans Lyon ne doute que ce jour là, le feu ne s'engage ; l'autorité en a la certitude, elle se dispose à lui bien riposter... et pourtant elle pouvait l'empêcher !.. elle ne le voulut pas.

Le président du tribunal civil demande que l'affaire soit renvoyée à un autre tribunal, ainsi que, pour de semblables circonstances, la loi le permet... Cette demande est repoussée.

Le 8 au soir, un conseil se tient chez le préfet, conseil de guerre en vérité, auquel assistent le procureur général, le procureur du roi, le lieutenant général et autres officiers administratifs et militaires, mais tous sujets de l'amovibilité, tous prêts à obéir à la pensée et à la main du pouvoir qui peut les briser mais qui peut aussi les grandir. Le lieutenant-général est d'avis, pour éviter la lutte, de couvrir les rues et les places de troupes et de canons ; ce serait en effet le bon moyen d'empêcher le peuple d'y descendre.

Une voix combat cet avis. Cette voix est écoutée.

Le général est d'avis que tout au moins les abords du tribunal soient chargés de soldats.

La même voix combat encore cet avis, et elle est écoutée.

Le lendemain au point du jour, Lyon est divisé en deux camps: — la troupe dans ses casernes et sur quelques points stratégiques : le peuple dans les rues, sur les places, aux abords du tribunal.

A 10 heures et demie les juges sont sur leurs siéges, les Mutuellistes sur leurs bancs, les avocats à la barre ; l'un d'eux

a la parole... Soudain un coup de feu part... Un homme tombe
sur la barricade qu'il dresse.... c'est un agent de police.

La bataille est engagée , elle va durer six jours... Six jours
le canon gronda , six jours la fusillade retentit. Six jours hommes, femmes , enfants , ouvriers , bourgeois , avocats , tout ce
qui se montra dans la rue , même sans armes , même allant
chercher de quoi manger, même allant chez les autorités pour
tenir conseil ; tout ce qui se montra aux fenêtres, tout ce qui ,
dans l'enceinte des maisons, avait un escalier à monter, une ga-
lerie à traverser, fut impitoyablement couché en joue , tiré , tué.
Des maisons croulèrent sous la mine et la sape ; d'autres furent
échancrées , découronnées de leur toiture par le canon et la
bombe.... Des pétards furent attachés à des portes pour les forcer ; on s'était trompé , des étages sautèrent et des femmes ali-
tées retombèrent avec les décombres. Des quartiers entiers furent incendiés , des rues sillonnées par la fusillade et la mitraille
dans toute leur longueur.

Voilà le Lyon des places publiques, le Lyon des rues, le
Lyon extérieur. Dans les maisons : ici la tereur, là la famine; ici
des malades sans secours, là des morts sans sépulture : six jours,
six grands jours, toutes ces horreurs ! !

La lutte dura six jours... et cependant l'insurrection n'avait
ni armes, ni munitions, ni soldats, quelques rares fusils, quelques pistolets, des sabres plus ou moins affilés, et 300 insurgés.

Des armes, de la poudre, l'insurrection en aura, elle aura
même des canons; la police va y pourvoir. Le 11 au matin ses
agents s'en vont chauffer la fournaise populaire : à la Croix-
Rousse c'est l'agent de police Picot, qui ameute et commande le
jour, ceux que la nuit il va dénoncer au parquet du procureur
du roi; c'est la caserne du *Bon-Pasteur* d'où les troupes sont
retirées et où les insurgés trouvent une cinquantaine de fusils ;
c'est le fort saint Irénée qui est évacué sans motif, et où l'insurrection trouve deux pièces de canon si maladroitement en-
clouées qu'avec une pointe de couteau on débouche la lumière.

Alors le 12, comptant sur une recrudescence, on lance à fond
de train sur toute la ville et sur tous les faubourgs, infanterie,
cavalerie, artillerie, fusillant toujours, canonnant toujours, mais
dans le vide, ne tuant pas des hommes n'abattant, n'incendiant
que des maisons.

Les victimes que l'on ne rencontre pas dans les rues, on
s'élance dans les maisons pour les... inventer.

Ici c'est un vieillard de 76 ans qu'on tue dans son lit dont
les couvertures prennent feu. Un frère est au chevet de son
frère mourant, on le fait rouler de l'escalier dans la rue, et là
on le fusille.

Ici, un homme paisible est trouvé dans sa chambre, un en-

fant de 5 ans dans les bras .. on ne le tue pas devant son enfant, qui lui tendait ses petites mains... oh! non .. on n'ose
pas... mais on lui arrache son fils, lui on le conduit au bas de
l'escalier... « Laissez, laissez ce père à son enfant, » crie un soldat ; mais il y avait là un officier... cet officier plonge son épée
jusqu'à la garde dans la poitrine du père de famille que le
soldat aurait voulu sauver.

Seize, seize habitants de la commune de Vaise sont ainsi
égorgés, sans qu'aucun des signes caractéristiques de l'insurrection ait pu servir de prétexte à cette extermination... Horreur !
horreur !... messieurs .., oui, mais aussi infamie! infamie ! ces
seize assassinats sont restés sans vengeance.

Des prisonniers, on en faisait peu... et ceux qu'on sauvait
étaient pris par des soldats ivres de poudre, balancés tout vivants par dessus les parapets du Rhône et jetés vivants aussi
dans le fleuve. Quand ils restaient accrochés à des pieux, ils
servaient de cible aux fusils des soldats.

Pendant ce temps là, Messieurs, un agent de police tombait
au pouvoir des insurgés. Il s'appelait Corteys. Un agent de police, comprenez-vous, Messieurs? Eh bien, cet agent de police,
moins qu'un homme en temps de guerre civile, est sauvé! sauvé
à la voix de l'un des chefs de l'insurrection, à la voix de
cette fière et loyale organisation humaine qui s'appelle Lagrange,
de ce républicain sévère que le président du conseil naguère
à la tribune saluait du beau nom d'honnête homme.

Ceci se passait au quartier de l'église des Cordeliers, là où
l'insurrection avait son dernier boulevard, ses derniers défenseurs. Le canon fait sauter les portes, le feu de peloton se
prolonge sous les voûtes, les hymnes du chrétien se mê-
lent aux chant du patriote, et les dalles du temple catholi-
que ruissèlent de sang comme aux jours des sacrifices du paganisme !

Le lendemain une proclamation fit savoir qu'après six jours
de boucherie et de destruction, la ville de Lyon était pacifiée.

La paix de Tacite : « *Ubi solitudinem faciunt, pacem apel-
lant.* »

La paix du cosaque : « L'ordre règne à Varsovie. »

L'ordre règne à Lyon.

Messieurs,

Ce n'est point dans les guerres civiles que le canon peut
être appelé la dernière raison des rois. Après la raison du canon vient la raison du geôlier et du bourreau. C'est la raison
de la loi, dit-on Oui, mais de la loi politique ; et la loi politique
n'est pas la justice, c'est la vengeance. Les juges alors ne sont

pas des hommes jugeant des hommes, ce sont des ennemis qui jugent des ennemis, des vainqueurs qui achèvent des vaincus.

C'est ce scandale qui, en 1835, fut donné à la France et au monde après l'insurrection de 1834.

Enlevés, au mépris du texte formel de la charte, au jury qui était leur juge naturel, les insurgés qui avaient survécu à la bataille furent livrés au tribunal extraordinaire qui s'est appelé la cour des pairs.

Le 5 mai 1835, treize mois après l'insurrection, commença le procès que les contemporains, à l'heure même, flétrirent du nom de procès monstre ; — monstre en effet par le nombre des accusés qui, divisés par catégories, fut porté au chiffre de 122 : monstre par la violation de toutes les garanties en matière de juridiction ; et comme l'arbitraire appelle l'arbitraire, monstre surtout par la violation insolente de toutes les lois humaines sur le droit de la libre défense... il n'y manqua que le bâillon de Lally Tolendal.

Aussi, devant cette cour des pairs qui ne marchait plus avec la loi, suivant l'énergique expression de l'un de ses membres, M. de Noailles qui se récusa, tout se fit-il contre la loi, contre la loi écrite et contre la loi morale. Toutes les implacabilités, tous les scandales, toutes les violations, toutes les hontes, toutes les illégalités, toutes les hypocrisies dont furent remplies les 45 audiences que dura ce procès monstrueux, furent dominées encore par les dernières paroles du réquisitoire du ministère public qui, aux derniers jours des débats, comme si les débats n'avaient rien modifié, rien éclairci, rien innocenté, concluait comme aux premiers jours à l'application de la peine de mort contre 122 accusés.

C'est par ces mots : implacabilité et peine de mort, que j'entre dans les faits pertinents au procès en diffamation qui m'a été intenté par M Chegaray.

J'ai dit, écrit et signé, en effet, Messieurs, que M. Chegaray avait joué un rôle d'implacabilité sinistre dans les troubles désolés de notre patrie, en 1834.

J'ai dit, écrit et signé qu'il avait demandé, en 1835, devant la cour des pairs, le fonctionnement à outrance de l'échafaud politique.

Ces deux accusations, je les maintiens.

Elles sont tout au long dans les actes et dans les discours de M Chegaray, avant, pendant et après l'insurrection lyonnaise soit comme procureur du roi de Lyon, en 1834, soit comme avocat général devant la cour des pairs, en 1835.

Venons aux preuves.

V.

Messieurs,

L'histoire impartiale, celle qui se tient à une distance égale des hostilités systématiques et des fétichismes aveugles des partis, dira et a déjà dit que le gouvernement de juillet avait non provoqué peut être, mais accepté avec empressement l'insurrection lyonnaise de 1834 ; que pouvant l'empêcher dans un intérêt d'ordre public, elle l'avait laissé éclater dans un intérêt de pouvoir ; que ses agents, pouvant la terminer en 48 heures, l'avaient prolongée six jours pour ajouter à l'importance de la victoire ; que pour terrifier le parti républicain, il avait laissé commettre des crimes superflus qui n'ajoutaient rien à la victoire que l'horreur ; qu'ayant eu connaissance de ces crimes commis en dehors de ce qu'on appelle l'enthousiasme du carnage, il leur avait assuré l'impunité ; qu'enfin dans la réquisition de la peine de mort par le bourreau contre ceux qui avaient échappé à la peine de mort par le soldat, alors que la peine de mort écrite dans la loi était repoussée par nos mœurs, il s'était donné le double caractère de l'odieux et du ridicule : de l'odieux par la violence, du ridicule par l'impuissance.

Eh bien, Messieurs, cet odieux, ce ridicule, ce laissez-faire, cette impunité, se personnifient dans un seul homme : dans le procureur du roi de Lyon, avant, pendant et après l'insurrection ; dans l'avocat général qui assistait le chef du ministère public devant la cour des pairs.

En 1833, déjà le procureur du roi de Lyon avait eu occasion de montrer jusqu'à quel point un gouvernement qui voudrait faire de l'arbitraire par les hommes de la loi, pouvait compter sur lui.

Un banquet devait être donné à Lyon le 12 mai ; il avait été empêché par un arrêté de la préfecture. Cet arrêté, provoqué par des hommes qui, peu d'années auparavant, sous la Restauration, avaient organisé le célèbre banquet donné à Lafayette, et qui, arrivés au pouvoir, invoquaient la loi de 91 contre laquelle ils avaient protesté quand ils étaient dans l'opposition, causa une irritation profonde.

Une consultation de quatre avocats du barreau répondit à cet arrêté dont l'illégalité devait plus tard enfanter une révolution et notre République. On voulut la signifier au préfet ; mais pas un huissier n'osa se charger de cette signification.

On se retira devant le procureur du roi pour qu'il fût pourvu à cette sorte de déni de justice. Mettant l'arbitraire du magistrat au-dessus du grand principe de l'égalité des citoyens devant la loi, le procureur du roi plaça la violation de la loi sous l'égide de l'intérêt et de la peur, et il déclara que tout huissier qui signifierait l'exploit serait destitué.

Qui était alors procureur du roi à Lyon ? — M. Chegaray.

Aussi laissez marcher les événements pendant un an encore, et venir les nécessités que tout gouvernement invoque pour se créer le droit de violence, et vous verrez quel instrument facile le gouvernement de Juillet aura sous sa main pour obéir à son impulsion.

Je vous l'ai dit : en 1834, le gouvernement effrayé par l'expansion du républicanisme, voulait à tout prix une occasion et un champ de bataille pour l'écraser.

Vous savez aussi que, par suite d'une réduction dans le prix de la fabrication des peluches, vingt mille métiers avaient cessé de battre; que dès lors, aux termes de la loi, il y avait coalition, et que cependant, tant que la coalition exista, le procureur du roi n'avait pas poursuivi, n'avait pas lancé un seul mandat, même de comparution.

Pourquoi ce silence du parquet?

Ah! c'est qu'on espérait que les ouvriers s'enhardiraient ou de l'apathie du pouvoir, ou de l'idée qu'ils se feraient de sa faiblesse ou de sa peur, et qu'ainsi le chômage enfanterait l'insurrection.

Mais cet espoir du gouvernement avait été déçu par la reprise inattendue des travaux. Le moment où les ouvriers rentraient dans la loi fut précisément le moment que choisit le parquet de Lyon pour punir l'infraction à la loi.

Pourquoi ce réveil subit du parquet?

Ah! c'est que le chômage avait eu une issue pacifique : et que le pouvoir sentait échapper l'occasion d'en finir du même coup avec la question industrielle et la question politique. Aussi pour rejeter les ouvriers et les partis dans les voies de la violence, d'un coup de main lui fallait-il recourir à une provocation qui n'était plus elle-même qu'une violence de la loi.

Qui fit cette provocation? Le procureur du roi de Lyon. Qui était procureur du roi à Lyon ? — M. Chegaray.

Du 22 février au 5 avril, jour fixé pour le jugement des Mutuellistes, il y avait six semaines environ. Durant ces six semaines les journaux d'opinions avancées et ennemies publiaient chaque jour de véritables appels aux armes. On y disait aux ouvriers que tant qu'ils ne s'appuyeraient pas aux sociétés politiques, ils ne pourraient rien contre les abus industriels que les sociétés industrielles avaient mission de combattre

D'un autre côté, les journaux du pouvoir ne cessaient de lancer aux ouvriers des défis hautains, des menaces méprisantes. La presse les prenait ainsi à la fois par leur intérêt et par leur courage.... Et pourtant, pas une poursuite durant ces six semaines ne fut introduite contre les journaux qui soumettaient la classe ouvrière à cette double pression de la provocation et de l'insulte !

Pourquoi cette abstention du parquet dans ce temps où les procès à la presse étaient comme une fièvre endémique des parquets de France ?

Ah ! c'est qu'il fallait pour faire les affaires du pouvoir, que l'association industrielle des Mutuellistes fût réduite à se fondre dans l'association politique des *Droits de l'Homme* ;... et ces journaux y poussaient à outrance.

Le coup réussit. La société des *Droits de l'Homme* absorba la société des mutuellistes; la question politique se subordonna la question industrielle.

Quand le parquet de Lyon faisait ainsi le sourd, l'aveugle et le muet, qui tenait le parquet de Lyon ? — M. Chegaray.

Arrive le 5 avril, et avec lui le procès intenté aux Mutuellistes. Je vous ai dit l'émotion qui fut soulevée sur la place du tribunal. A cette occasion, M. Chegaray s'est complu à vous parler et à vous donner les preuves du courage personnel dont il aurait fait acte, en se jetant au milieu de la foule irritée, pour y saisir un homme au collet... Dégageons cet acte de tous ces grandmots de zèle, de dévouement, de courage. Qu'y a-t-il au fond ? Un magistrat fougueux qui oublie le dignité et la hauteur de ses fonctions ; qui traîne et compromet sa toge dans une scène de pugilat ;.. un procureur du roi qui se fait gendarme! Ah ! Monsieur, vous vous vantez de cet abaissement de la magistrature, et des éloges qu'il vous valut alors... Moi, Monsieur, si j'avais eu l'honneur d'être ministre et ministre de la justice ; moi voulant la paix et non la guerre; moi l'homme de la loi et non de la violence ; moi l'homme du droit et non de la politique, je ne vous aurais pas laissé un jour, une heure de plus dans Lyon. Car vous ne pouviez plus être le juge, mais l'adversaire de cette foule, avec laquelle vous vous étiez colleté ; car vous ne pouviez plus être l'homme de l'impassible loi de votre pays, vous ne pouviez plus être que l'homme de votre orgueil et de votre ressentiment. Ce n'est plus la justice que vous alliez servir, c'était votre vengeance.

Entre le 5 avril et le 9, jour auquel le procès fut renvoyé, il s'écoula quatre jours qui ne furent qu'une préparation à la guerre ; personne n'en doutait dans Lyon.

Aussi, les véritables hommes de paix, ceux qui n'avaient

rien à gagner à la guerre, ni satisfaction de haine, ni accroisse-
ment de fortune dans les hiérarchies de la magistrature où il y
a inamovibilité pour descendre, mais non pour monter, s'in-
quiétaient des moyens d'empêcher la bataille.

Au nombre de ces moyens, était celui du renvoi du procès
dans une autre ville. Le président du tribunal de Lyon le de-
mandait avec toute l'insistance d'un digne magistrat et d'un
bon citoyen. Le 8 avril, dans la soirée, cela était possible encore. Le général commandant la division prêtait lui-même l'o-
reille aux mesures de modération et de prudence... mais ces
mesures furent repoussées ; les mesures de répression furent
adoptées sur les représentations énergiques du préfet et du procureur du roi de Lyon, qui étaient l'un et l'autre dans les se-
crets des vœux et des volontés du pouvoir.

Et qui alors était procureur du roi à Lyon ? — Encore et
toujours M. Chegaray.

Et qui a dit que M. Chegaray avait poussé aux mesures violentes ?

L'histoire, Messieurs, l'histoire écrite, imprimée, publiée,
contre laquelle M. Chegaray n'a point protesté.

Voici ce qu'on lit dans l'*Histoire de Dix ans* :

« A quelques heures de là, dans la soirée, MM. Gasparin,
« Duplan, Chegaray, le lieutenant général Aymar et quel-
« ques officiers de l'état-major, se réunirent. Le général Ay-
« mar était d'avis qu'on fît occuper la place St-Jean par les
« troupes de manière à interdire à la foule les approches du
« tribunal.

« Et que de sang épargné peut-être si cette sage opération
« eût prévalu.

« MAIS M. CHEGARAY S'EMPRESSA DE LA COMBATTRE ET
« L'EMPORTA.

« Or il est à remarquer que dans le cours des événements,
« l'autorité militaire se montra constamment portée aux mesu-
« res moins violentes, et constamment dominée par l'autorité
« civile, dont *MM. Gasparin et Chegaray personnifiaient*
« L'IMPLACABLE vouloir. »

Voilà le mot dont je me suis servi ; un autre s'en est servi
avant moi ! Voilà l'implacabilité sinistre que je vous ai reprochée ; un autre vous l'a reprochée avant moi !

Oh ! je vous entends, Louis Blanc l'homme de parti,
Louis Blanc le républicain, Louis Blanc le socialiste, et aujourd'hui Louis Blanc le proscrit !,... soit !

Mais je vous dis, moi, avec ses ennemis comme avec ses
amis, Louis Blanc l'honnête homme, l'homme de convictions
sincères, l'homme de raison élevée, de grand talent et de
conscience loyale ! Et puis ne serait-il point tout cela, aussi vrai

qu'il l'est , vous êtes-vous inscrit en faux ? Non ! — Pourquoi ? Je vous le dirai à mon heure.

Mais qui l'avait dit à Louis Blanc ? Celui qui me l'a dit à moi. — Et qui me l'a dit à moi ? Le *Moniteur*, monsieur, l'inexorable *Moniteur* ? — Et qui l'avait dit au *Moniteur* ? Vous , oui , vous !

Écoutez : « Si , après la journée du 5 avril , la défense du « 9 avait été empreinte de mollesse ou d'hésitation , il n'y avait « à Lyon ni justice possible , ni fonctions publiques suppor- « tables. »

Ah ! Messieurs , dans ces paroles tirées du réquisitoire de l'avocat général de la cour des pairs , à l'audience du 17 juillet 1835 , ne retrouvez-vous pas l'esprit et le texte de celles qui ont été prononcées par le procureur du roi de Lyon le 8 avril 1834 , au conseil de guerre tenu chez le préfet ? N'est-ce pas l'homme de la scène du 5 avril , le procureur à la toge déchirée , l'empoigneur placé sous les souvenirs de l'irri- tation , de l'orgueil froissé , de la vengeance ?..

Il faut que les fonctions publiques soient supportables !.. Il faut que M. Chegaray puisse être procureur du roi tout à son aise ; que pour fonctionner même en place publique , il se puisse faire gendarme au besoin ! Pour cela il y aura du sang , il y aura des cadavres...

Et qu'importe ! C'est l'édredon sur lequel M. le procureur du roi pourra dormir ; ce sera l'escabeau sur lequel il s'élèvera pour devenir procureur général !...

Et où est-il aujourd'hui cet escabeau , Monsieur ? Le peuple l'a brisé du pied , et vous êtes tombé !.. Et ces fonctions publi- ques que vous demandiez à une répression sanglante de vous rendre supportables , où sont elles aujourd'hui ?... Balayées , Monsieur ! balayées avec tout le reste... Dieu a fait justice.

Et quand moi j'attache à ces actes et à ces paroles la qua- lification d'implacabilité sinistre , vous me dites à moi : Vous m'avez diffamé ! Et au jury , vous dites : Condamnez-le !

Non , monsieur , non , je ne vous ai point diffamé , ce n'est pas de la diffamation que j'ai fait , c'est de l'histoire.

On ne condamne pas l'histoire.

Monsieur , je viens de vous montrer implacable avant l'in- surrection , eh bien ! je veux ajouter à mon audace ; je veux accroître mon crime. Ce que je ne vous ai pas dit dans mon journal , je vais vous le dire en pleine audience. Je veux vous montrer , pendant l'insurrection , magistrat sans pudeur judi- ciaire ; et , après l'insurrection , homme sans entrailles !

VI.

Comme le dit devant la cour des pairs M. Anselme Petetin, rédacteur d'un journal d'opposition modérée;

Comme ne l'apprirent que trop les révélations de tous les témoins, les récriminations des accusés et les affirmations de M. Jules Favre, défenseur et témoin occulaire;

Comme le prouvèrent aussi les murmures d'indignation que chacune de ces révélations, de ces affirmations, de ces récriminations soulevaient parmi les membres de la pairie;

Ce serait faire injure à la vérité et à l'histoire que de nier la part considérable prise par la police à l'explosion insurrectionnelle de Lyon.

Cette part coûta 320,000 fr. au budget de la France.

Cette part, Messieurs, se fit sentir non-seulement dans les faits qui ont préparé l'insurrection, mais dans les faits qui l'ont accomplie.

Ici, c'est l'agent de police Faivre, qui, cachant ses insignes sous ses vêtements, dresse la première barricade, et périt du premier coup de feu qui est tiré par les soldats;

Là, c'est l'agent de police Mercet qui plante sur les barricades le premier drapeau de l'insurrection;

Ailleurs, c'est l'agent de police Corteys, qui, en allant raviver le troisième jour l'insurrection qui s'éteignait, est arrêté par les insurgés, mis en péril de mort... et sauvé par le courage et l'humanité de Lagrange;

Enfin, entre beaucoup d'autres, et par-dessus tous les autres, l'agent provocateur Picot.

Cet homme,—je me trompe, ce profond misérable!—avait un bras postiche qu'il mettait et retirait à volonté, en sorte que, paraissant sur plusieurs points pour le double rôle qu'il jouait, il était difficile de constater son identité.

Picot déclara lui même devant la cour qu'il avait pris part à l'insurrection pour aller ensuite tout raconter au gouvernement.

Mais il avait fait plus que cet acte déjà honteux et indigne d'un homme de cœur : il avait poussé à l'insurrection

Ici, à ceux qui s'abritaient derrière cette réponse : Nous n'avons pas d'armes! il répondait: «Venez, nous allons en trouver.» Là, à la tête de sa bande composée d'hommes semblables à lui, il enfonçait les portes des maisons, il s'en allait d'étages en étages piller les armes et ce qui était à sa convenance. Ailleurs, pour appeler l'odieux sur l'insurrection il veut créer les crimes dont une dénonciation lui donnera le salaire.

Deux pauvres femmes en quête de pain tombent dans sa bande. Il veut qu'on les fusille. Et pour cela il pousse contr'elles ce cri qui est un cri de mort en temps de guerre civile : « Ce sont deux espions de police. »

Un homme dont des témoins à charge eux-mêmes disaient que son influence lui venait de ce qu'il était un honnête homme, l'insurgé Charrier s'oppose à cet assassinat. Il s'y oppose même par ces paroles admirables d'un philosophe et d'un chrétien que l'histoire doit recueillir, plus admirables encore dans la bouche d'un simple ouvrier, au moment où le canon et le fusil déciment ses compagnons : « *Il ne faut jamais se presser de donner la mort.* »

Prenant à son compte la moralité de ces deux femmes, Charrier leur signe deux laisser-passer qu'écrit une main complice de son humanité.

Picot résiste, ameute sa bande, et pousse contre Charrier lui-même le cri de trahison... autre cri de mort en guerre civile ! Mais ce cri n'eut pas d'écho. Charrier, l'*honnête homme*, était là connu de tous. On savait, qu'il continuait en avril 1834, le métier de sauveur qu'il avait commencé en novembre 1831, en assurant la liberté et la vie du préfet Dumolard et du général Ordonneau.

Alors Picot se ravise ; une idée infernale lui est venue. Il n'a pu s'assurer le prix de la dénonciation du crime qu'il voulait faire commettre, il s'assurera le prix de la dénonciation de l'acte qui l'a empêché. Les sauf-conduits ont sauvé les deux femmes, ils perdront leur auteur.

Ces sauf-conduits, en effet, Messieurs, sont les seuls qui figurèrent au procès de Lyon ; ils furent le principal élément de l'accusation contre Charrier ; mais Picot qui les remit en fit le prix de sa mise en liberté.

Picot, les mains et le visage noirs de poudre, est arrêté par l'autorité militaire, et, suivant les expressions même du général Aymar, conduit au procureur du roi avec recommandation et bonne escorte.

Que se passa-t-il dans cette entrevue où l'agent de la police et l'agent de la justice se trouvèrent face à face ? Qui le sait ? Mais voici ce que disent les faits.

Picot fut immédiatement rendu à la liberté ; et sans doute renvoyé à sa besogne, car on le retrouve le lendemain dans les faubourgs de Lyon. Là il se reprend à cette besogne qui était de servir l'insurrection pour mieux servir la police... Ainsi, il y eut cette criante immoralité qu'à un homme qui avait pris part à l'insurrection, qui avait voulu faire fusiller des femmes, qui avait enfoncé des portes, pillé des armes, le procureur du roi de Lyon osa dire : « Va, tu es libre, insurge encore et dénonce ! »

Quel était le procureur du roi qui manquait ainsi à la fois de sens moral et de pudeur judiciaire ?

Quel était le procureur du roi qui donnait ainsi une expansion désordonnée à ce système dont nous faisons une des hontes de la monarchie déchue, et qui, subordonnant la justice à la police, faisait du magistrat le complice ou le serviteur du mouchard ?

Ce procureur du roi, Messieurs, le voilà. C'est M. Chegaray.

Peut-être pensera-t-on qu'à l'heure où cette immoralité était commise, M. Chegaray ignorait, sinon ce qu'était Picot, au moins tout ce que cet homme avait fait pour gagner son argent. C'est peu vraisemblable... pourtant je le veux bien !..

Mais du moins, quand viennent des preuves irrécusables, tellement irrécusables que la pairie s'indigne, que le président Pasquier lui-même se voilant la face de dégoût, s'écrie : — « Assez, assez ! il n'y a plus rien à apprendre sur cet homme !.. » M. Chegaray va-t-il s'indigner à son tour, venger sa religion surprise et rejeter parmi les insurgés l'homme qui a provoqué et, disons-le, déshonoré l'insurrection ?

C'est là ce que chacun de vous eût fait, Messieurs de la cour... C'est là ce que vous eussiez fait aussi, M. le procureur général ! M. Chegaray ne le fit pas. Aux récriminations violentes des accusés, il répond d'abord avec une vertueuse colère ces mots stéréotypés de tous les accusateurs publics : « N'insultez pas le témoin ! Nous ne souffrirons pas que, d'accusés, vous vous fassiez accusateurs... etc., etc... »

Il y a plus triste encore que cela, Messieurs !

Quand cet infâme Picot lui-même, avoué avec un effrayant cynisme qu'il est bien l'agent provocateur que les accusés dénoncent, qu'il a bien tenté ou accompli tout ce que les insurgés lui reprochent ; alors que la pairie tout entière se sent soulevée dans ses sentiments de justice, d'honneur et d'humanité ; alors que la défense éclate, tonne et foudroie le parquet sous ces écrasantes paroles : *La moralité du parquet est jugée par la moralité du témoin...* savez-vous ce que répond... je me trompe, ce que balbutie, malgré son aplomb ordinaire, le procureur du roi devenu avocat général ?

Cette réponse, messieurs, est à la fois une lâcheté et une honte. Elle accuse à la fois et l'impéritie et la partialité du magistrat qui, pour sauver sa moralité, ne sait plus invoquer que son ignorance :

« Nous sommes fâché, dit-il, de n'avoir pas su ses détails plus tôt. »

— Vous êtes fâché, Monsieur ?.. Eh ! qui donc vous avait empêché de les savoir ces détails, alors que tout le monde les savait, alors que les accusés n'avaient cessé d'en fatiguer la publicité des journaux et celle des audiences ?

Sous quelle détestable disposition d'esprit étiez-vous donc placé, Monsieur ? Quels intérêts aviez-vous donc consenti à servir, quand vous aviez fait cette instruction qui a duré 13 mois ?

Vous n'aviez pas su ?.. Mais vous savez maintenant ! Picot avoue tout... qu'allez-vous faire et dire ? que faites-vous ? que dites-vous ?

Rien ! vous ne faites rien ! vous ne dites rien ! Vous ne concluez à rien ! vous ne requérez rien contre le témoin Picot, contre Picot l'insurgé, contre Picot qui a poussé à l'insurrection et combattu dans l'insurrection, qui a enfoncé des portes, dévalisé des maisons et menacé des femmes de les faire passer par les armes... Mais, en revanche, vous retournez vos réquisitions contre Charrier, contre Charrier proclamé honnête homme, et qui n'a figuré dans l'insurrection, lui, que pour veiller sur la propriété et pour sauver ceux que Picot menaçait de mort.

Et aujourd'hui, monsieur, si je vous accuse d'immoralité judiciaire, vous me direz à moi : « Vous me diffamez » ; et vous direz au jury : « Condamnez-le ! »

Non, monsieur, non je ne vous diffame pas... Cela ne ne s'appelle point de la diffamation, cela s'appelle de l'histoire.... On ne condamne pas l'histoire !

Implacable avant l'insurrection ; complice de la police pendant l'insurrection ; M. Chegaray, après l'insurrection, fut, par l'impunité qu'il leur assura, le complice moral d'assassinats abominables.

VII.

Messieurs, ce n'est pas tout que de faire des morts pendant la bataille ; dans les pays civilisés, où la loi règne, où les droits de l'humanité survivent aux droits des gouvernements, ces morts, il faut les compter après la victoire.

Aux morts faits pendant la bataille et qui sont tombés les armes à la main, oubli et pitié ! ils tuaient ils ont été tués ; ils ont payé leur dette.

Aux morts faits après que le combat a cessé ; à ceux qui, vivants, n'étaient ni sur le champ de bataille, ni dans la mêlée, et qui n'avaient sur eux aucun des signes reconnaissables de l'insurrection ; à ceux sur qui, alors que tous les feux sont éteints, on a déchargé les dernières armes, à ceux-là souvenir, vengeance ! car ils n'ont pas été tués, ils ont été assassinés.

De ces morts-là , Messieurs, avec les ordres impitoyables qui furent donnés, afin que , suivant les paroles de M. Chegaray, la répression ne fut ni *molle* ni *hésitante*, il y en eut un grand nombre à Lyon, en 1834;.. mais il ne faut parler que de ceux sur lesquels il y a certitude.

Eh bien, Messieurs, dans la commune de Vaise, dans cette commune malheureuse, où non pas la bataille, car on s'y battit peu, mais l'insurrection fut prolongée par l'agent provocateur Picot, 45 personnes, vieillards, femmes, jeunes hommes, enfants, furent massacrés après la victoire.

De l'aveu même de l'avocat général, sur ces 40 morts, il y en avait 16 sur lesquels il avait été impossible aux exécuteurs militaires de trouver un seul indice d'une part quelconque à l'insurrection... Ni armes sur eux, ni armes chez eux, ni poudre aux mains ou au visage... rien, rien! et cependant ils furent égorgés, froidement égorgés.

La rumeur publique signala ces cadavres ; les journaux en reproduisirent le chiffre, les domiciles et les noms ; le parquet de Lyon n'entend pas la rumeur publique, le parquet de Lyon ne lit pas les journaux qui, par ordre de la loi, sont pourtant déposés chaque matin dans ses bureaux, sous ses yeux.

Mais M. Jules Favre est allé chez le procureur du roi, il l'a averti, il lui a dénoncé ces assassinats...

Y a-t-il eu une enquête? Non! Le procureur du roi ne bouge pas.

Je me trompe, Messieurs, le procureur du roi fait faire une information par un commissaire de police. Celui-ci met dans le procès-verbal que l'individu qui se plaint a des relations avec la serpent de la paroisse, et qu'alors il a pu être poussé par des carlistes ou par des prêtres. Le serpent de la paroisse!

Et voilà derrière quelle misérable fin de non-recevoir le procureur du roi abrite la responsabilité de son inaction! Le serpent de la paroisse!!

On a nommé le serpent de la paroisse, et tout est dit ; les morts ne sont pas morts, les assassinés n'ont pas été assassinés.

L'enquête alors se fait par de simples citoyens ; des attestations, des témoignages sont recueillis.

Le procureur du roi ne peut pas l'ignorer davantage Ces attestations, ces témoignages, les voici dans l'*Histoire de Dix ans* ; ils passeront sous vos yeux.

Savez vous quelle réponse fait faire l'administration par un des journaux dont elle dispose ; la voici, c'est la honte des mœurs politiques de ce temps :

« Les militaires ont bien fait de fusiller les insurgés sur place « parce que le jury les aurait acquittés. »

Oui, Messieurs, à vous l'insulte ! le jury aurait acquitté !
cela s'est écrit, cela s'est imprimé.

Et le procureur du roi qui laissait de pareils crimes sans châtiment, ne poursuivait pas davantage leur insolente glorification anti-sociale, anti-humaine.

Quel était donc ce procureur du roi qui faisait ainsi défaut
à la loi, à la justice, à l'humanité?..

Le voilà encore : c'est M. Chegaray...

Et si je lui dis : Vous n'avez eu ni l'intelligence des devoirs
du magistrat, ni la commisération des entrailles du citoyen,
il me dira : « Vous me diffamez ! » et à vous il dira : « Condamnez-le ! »

Non, monsieur, non, le jury ne me condamnera pas... On
ne condamne pas l'histoire et la vérité.

VIII.

Maintenant, Messieurs, sortons de Lyon ; secouons la boue
et le sang qui se sont attachés à nos pieds, à travers ces décombres et ces morts, ces violations et ces abstentions de la loi ;
cette police et cette justice dont on ne saurait dire quelle est
celle qui a obéi à l'autre, et qui a le plus outragé les lois divi-
nes, les lois humaines et les lois morales.

Allons devant la cour des pairs. A 13 mois de distance,
voyons si dans l'avocat général qui a reçu le salaire de ses
excès de zèle, nous n'allons pas retrouver le procureur du roi
de l'insurrection lyonnaise.

Hélas! même implacabilité contre les vivants! même impassibilité en face des morts qui crient vengeance ! même intérêt
en faveur des complices provocateurs de l'insurrection !... C'est
toujours le même homme.

Devant la cour des pairs, le rôle de M. Chegaray se divise
en deux parts.

Il y a la part qu'il prit aux débats proprement dits, à la
déposition, à la confrontation des témoins et aux contradictions
de la défense.

Il y a la part qu'il prit aux réquisitoires du ministère public,
dont il fut un des plus fougueux organes....

Devant la cour des pairs, il se trouva en face d'accusés qui,
confessant hautement leur foi politique, avaient le courage de
leurs convictions et de leurs actes. Ces hommes ne combattaient ni pour leur liberté ni pour leur vie ; mais ils repous-
saient avec énergie le mensonge, et combattaient pour les
droits de la justice et de l'humanité, qu'ils regardaient comme
violés dans leurs personnes.

Il eut devant lui des avocats qui, connaissant les devoirs de la défense, en connaissaient aussi les droits ; et qui remplissaient les premiers et exerçaient les seconds avec cette fière liberté qui est un des apanages du barreau de France.

Aussi, messieurs, quels énergiques démentis M. Chegaray eut à subir ! Sous quelles vigoureuses récriminations il eut à se courber ! Quels coups de caveçon et de gourmette furent infligés à son zèle, non-seulement par les accusés et les défenseurs, mais par le président lui-même de la cour !

Ah ! sans aucun doute, Monsieur, vous aviez gagné aux répressions sanglantes de l'insurrection lyonnaise, de changer votre toque à galons d'argent contre une toque à galons d'or ; mais vous dûtes trouver que vous n'y aviez pas gagné ce pourquoi vous les aviez provoquées... Non, vos fonctions publiques n'étaient pas devenues plus supportables.

Durant les 45 audiences que dura le procès de Lyon, il ne s'écoula pas un seul jour où M. Chegaray ne vit les accusés et les défenseurs retourner contre lui l'épée du réquisitoire.

Par quoi commencer? où s'arrêter? que choisir? Allons au hasard.

Le 24 mai M. Chegaray se fait dire par M. Benoît, du barreau de Versailles : « C'est là le fait principal que les moyens « de défense rejettent entièrement, *malgré le préjugé défavo-* « *rable que M. l'avocat-général aurait voulu lancer à la* « *charge des accusés.* »

Le 10 juin M. Chegaray s'acharne à vouloir faire entendre un témoin avant un autre, contre l'accusé Girod jeune : un élève de l'école vétérinaire, Messieurs, à qui l'âge de la majorité était venu dans les prisons, et qui était défendu par l'excellent et éloquent abbé Girod, son frère.

Plus intelligent que l'avocat général de la noble et touchante mission que cet ecclésiastique venait accomplir; plus pénétré que M. l'avocat général des égards que méritait cette honorable inexpérience de l'escrime judiciaire, le président interrompt vivement l'avocat général et dit au défenseur avec vivacité: — « Parlez, monsieur! parlez. »

Malgré ce rappel au respect des droits de la défense, l'avocat général insiste. Il s'attire alors cette réplique ironique du défenseur : « Oui, oui, mais le témoin n'est pas entendu! »

Et il faut que l'avocat général dévore cet affront. La cour n'est pas pour lui.

A cette même audience Girod nie un fait.

M. Chegaray répond que cela n'est pas étonnant, que mal conseillé l'accusé se *renferme dans un système complet de dénégation.*

La cour murmure contre ce sophisme de mots, et l'ecclésiastique Girod, indigné d'être ainsi pris à parti, répond en ces termes qui sont à la fois une leçon de logique et de convenance :

« Nier un fait, Monsieur, n'est pas se renfermer dans un système de dénégation. »

Vous haussez les épaules, Monsieur?... c'est un genre d'éloquence qui vous est familier et qui ne prouve rien.. Vous les haussiez aussi, le 14 juin, quand des accusés se plaignaient que des témoins et eux-mêmes eussent été menacés d'être conduits devant un peloton pour en obtenir des réponses aux interrogatoires de la justice.

Et ce jour-là, vos haussements d'épaules vous attirèrent cette verte réplique d'un accusé : « Vous niez ? niez donc aussi les assassinats de Vaise ; faites donc venir les témoins dont voici les noms... et s'ils ne répètent pas ce que j'ai dit, que je sois traité de malhonnête homme ! »

Or, Messieurs, celui qui parlait ainsi c'était Charrier, l'honnête homme Charrier ! celui qui avait sauvé les deux femmes que l'agent provocateur Picot avait voulu faire fusiller.

Entre les haussements d'épaules négatifs de l'avocat général Chegaray et les affirmations de l'accusé Charrier, pour qui se prononce le président de la cour ?.. pour les affirmations de l'accusé ; il ordonne que les témoins soient entendus.

Mais, c'est trois jours plus tard, à l'audience du 17, qu'apparaît dans tout son éclat la moralité judiciaire de l'avocat général Chegaray.

Le témoin Picot est appelé. Les accusés font entendre leurs protestations... Charrier qui, jusques-là, avait refusé de prendre part aux débats, ne peut plus se contenir. Il sent qu'il a plus que sa personne à défendre ; qu'il a la justice à venger, à soustraire aux serres de la police dans lesquelles l'avocat général s'efforce de la maintenir... Il accepte les débats.

Ah ! ce n'est plus ce que voulait le ministère public. L'abstention des accusés lui allait si bien ! L'infamie et le mensonge de certains témoins se glissaient si bien dans les débats, abrités par le silence dédaigneux des accusés !.. Mais maintenant il faut faire compte. Aussi M. Chegaray, qui sent le coup, a-t-il recours à une foule de précautions plus ou moins oratoires. Il va plus loin... Ce Picot dont vous connaissez déjà la bassesse et les crimes, ce Picot est l'objet de toute sa sollicitude !.. Il le défend ; il nie qu'il ait été un provocateur, un agent de police, et presqu'un dénonciateur.

Picot arrive, dépose... et sans souci du vilain tour qu'il joue à l'avocat général... il va au devant des récriminations des accusés : il avoue tout ce qu'il a fait, provoqué, dénoncé... et il laisse son patron, le garant déconcerté de sa loyauté, se

débattre dans cette confusion qui ne trouve rien à dire sinon :
« *J'avais ignoré ces détails.* »

Et la cour, la cour est tellement honteuse du rôle auquel
est descendu l'avocat général, que, tournant avec dédain le dos
à l'accusation, le président dit à l'accusé : « Il eût été regret-
« table, vous voyez, que vous n'eussiez point pris part au débat
« pour discuter de *pareils témoignages.* »

Mais il y a plus, Messieurs. Dans son indignation Me Jules
Favre lance cette flétrissure : « Par la moralité du témoin, on
« peut juger de la moralité du parquet. »

Certes, l'apostrophe était rude ; elle touchait à l'injure.

La moralité du parquet regimbe sous l'aiguillon. La cour et
le président prennent un air profondément étonné. M. Pasquier
intervient entre le ministère public et le défenseur, et passant
du côté de celui-ci... autant que les convenances pouvaient le
lui permettre, il déclare que si M. Favre a tenu le propos,
il ne croit pas que ce soit dans le sens injurieux qui a ému la
susceptibilité du parquet.

Il n'en fut que cela. Et le parquet de Lyon, en la personne
de M. Chegaray, dut garder la flétrissure, vue, signée et para-
phée par le président de la cour des pairs.

Le 18 juin, M. Chegaray se montre encore, dans ses dis-
cussions avec la défense, animé d'un zèle si ardent d'interruption, que ce jour-là comme dans la déposition Girod... le président interrompt l'avocat général, et dit avec vivacité à M. Jules Favre : « Parlez ! parlez ! »

Le 24 juin, la journée fut mauvaise pour M. Chegaray.
Elle prouva que le zèle n'est pas l'attention, et que l'accusation
n'est pas la justice. « C'est dans l'ombre, s'écrie Charrier, qu'on
« a instruit la procédure. »

Et l'avocat général de se gendarmer, de vanter, selon l'u-
sage, l'impartialité, la loyauté qui a présidé à l'instruction.
Du haut de sa vertu diffamée, il tonne contre l'insolence des
accusés... Mais le président qui sait à quoi s'en tenir sur la valeur de ces indignations de commande, exige les preuves.

M. Chegaray les compulse avec l'air dédaigneux d'un homme
qui prétend au droit d'être cru sur parole.

Qu'arrive-t-il ?

L'avocat général arguait d'un procès-verbal de témoin ; le
procès-verbal existe, oui ; mais il n'y a pas eu de confrontation.

Il arguait d'un interrogatoire ; l'interrogatoire est là, oui ;
mais il n'y a pas de signature.

Charrier avait raison.

Autres preuves de l'attention et de l'impartialité scrupuleu-
ses qui ont présidé à l'instruction :

Il existe deux témoins qui peuvent venir déposer en faveur de Charrier, car ce sont les deux femmes que ses saufs-conduits ont sauvées. De ces deux femmes l'une est morte ; c'est celle que M. Chegaray fait citer. L'autre est vivante ; c'est celle dont M. Chegaray déclare le témoignage inutile.

Dans le même genre, le 2 juillet : M. Chegaray dit à M. Jules Favre : « Ces témoins ! c'est vous-même qui y avez renoncé. » Et M. Jules Favre répond : « Oui, nous y avons renoncé... parce que vous nous les avez refusés. »

Un témoin, Dufour, est appelé. M. Chegaray, avec son empressement accoutumé, fait observer aussitôt que ce témoin a été inculpé.

Dufour de se récrier.

— Vous avez été inculpé, vous dis-je, répond M. Chegaray.

— Mais, Monsieur, il y a trois Dufour.

— Eh qu'importe ; vous avez été inculpé, dit obstinément l'avocat général qui n'en veut pas démordre.

— Il importe si bien, dit enfin le témoin, que le Dufour inculpé n'est pas moi. Moi, je suis Dufour un tel ; et l'inculpé est Dufour tel autre.

Et M Chegaray de baisser la tête. Et les pairs de s'entre-regarder, étonnés de cette façon de procéder à une instruction.

Vous croyez peut-être que c'est tout ? Non, messieurs, il y a dans le sac de M. Chegaray une chose vraiment plus ravissante encore. Quoi ? presque rien, une faute d'impression. Oh ! mon Dieu oui, les journaux et les livres en sont pleins ; mais il n'y a que l'amour propre du journaliste qui en souffre, quand il n'est pas rompu aux vilains tours des farfadets qui courent sur les casiers, et quand le public s'en aperçoit, ce qui, Dieu merci, n'arrive pas toujours. Mais dans les procès dont les pièces sont imprimées, savez-vous ce qu'entraîne d'inconvénients une faute d'impression? tout bonnement des incarcérations préventives ; et souvent, au bout de 13 mois, on s'aperçoit que le fait attribué à un nommé Corréa, appartient à un nommé Corréard.

Telles sont, messieurs, les gentillesses des fautes typographiques de M. Chegaray. Aussi, l'accusé Charrier fut-il en droit, sans soulever les protestations de la cour, de s'écrier avec amertume :

« Avec des fautes d'impression comme cela, voici 14 mois « que nous sommes en prison. »

Il est vrai, Messieurs, que, devant vous, M. Chegaray a vidé complaisamment ses cartons de correspondance, et qu'il en a extrait quelques lettres de détenus qui lui demandaient quelques heures de liberté pour leurs affaires ou le remerciaient de les avoir obtenues.

Mon Dieu! je n'ai aucun intérêt à contester ces lettres, bien que dans les noms qui les ont signées il me semble en avoir peu retrouvé de ceux qui sont allés jusque devant les pairs. En vous accusant d'implacabilité comme magistrat politique, je n'ai pas dit, Monsieur, que vous fussiez, comme homme, entièrement dépourvu de commisération. Si un pauvre agonise de faim devant vous, je vous crois capable de lui jeter quelques deniers. Mais laissez-moi vous dire aussi que ces lettres de quelques reclus ne prouvent rien, pas même pour la sincérité des sentiments qu'ils vous expriment... Hélas! ils avaient besoin d'air, d'espace, de lumière... Ils avaient besoin de sécher les larmes de leurs femmes ou de leurs mères, de recevoir les caresses de leurs enfants, et c'est vous qui étiez le dispensateur de tous ces biens. Pour arriver à votre cœur, ils s'adressaient à votre vanité... Ah! on se fait flatteur pour moins. Mais tenez, voici un langage sévère et qui, selon moi, amortit singulièrement l'effet de l'encens obligé qui vous a été offert. Il doit faire allusion à quelque résultat atroce de la prison préventive; et il me semble aussi avoir été droit à votre rôle d'*homme du roi*.

Lagrange disait devant la cour des pairs, le 2 juillet:

« Ecoutez! un homme soupçonné à tort, un homme du
« peuple dont les bras sont nécessaires à sa famille, dont le
« travail seul nourrit la femme, et le fils et la fille; cet hom-
« me, sur l'ombre d'un soupçon, par la *simple haine d'un*
« *homme du roi*, cet homme est jeté dans une affreuse prison.
« La famille tout entière, privée de son travail, est livrée à
« la misère: ses instruments de labeur sont vendus; lui-même
« perd sa santé sous les verrous; et quand au bout de neuf
« mois on le sort de cette prison, si cet homme retrouve sa
« femme morte de faim, son fils en prison pour vol, parce
« qu'il a été obligé d'aller voler du pain pour nourrir sa mère
« qui n'était pas morte encore; s'il retrouve sa fille livrée à la
« corruption; quand cet homme arrive sur le seuil de sa porte
« et qu'il voit toute sa famille ainsi, qu'il ne lui reste aucun
« espoir, aucune consolation; si cet homme se soulève d'indi-
« gnation, si cet homme va chez le magistrat qui a assassiné sa
« femme et ses enfants... et se venge sur lui, que ferez-vous
« de cet homme? Vous le condamnerez à mort... et celui qui
« aura commis tous ces crimes sera considéré, il sera *un hom-*
« *me du roi*... Et on appellera cela de la justice! Infamie et
« malédiction sur une pareille justice. »

Homme du roi de 1834 et de 1835, cessez de nous parler des certificats de vos prisonniers apocryphes: après ces anathèmes de Lagrange je n'y crois plus.

Et on n'y croira pas plus que moi, après avoir vu avec quelle délicatesse de sentiments et de justice les accusés étaient traités par les hommes que Lagrange appelait les *hommes du roi*, que Martin avait appelés des *énergumènes du parquet*... par vous, Monsieur !

On lit en effet dans le *Moniteur* du 3 juillet, ce rappel à la pudeur et au respect des accusés infligé par Me Baud pour le compte de l'accusé Tourrès, un ancien soldat.

M. *Chegaray* interrompant. — Un voleur !

M. *de Feuillide*. — Oui, monsieur, dans son enfance, en compagnie d'autres petits polissons de son âge, Tourrès avait sans doute volé quelques pruneaux chez un épicier, et vous en fîtes un voleur !... Mais depuis il avait été soldat ; honnête et brave soldat !... Et vous, en 1835, vous lui déniâtes ce titre, pour lui lancer à la face cette flétrissure que vous répétez aujourd'hui ; tant après 14 années les instincts de l'énergumène du parquet, de l'homme du roi, survivent en vous aux fonctions que vous n'exercez plus ! En répétant aujourd'hui l'injure vous justifiez, Monsieur, la citation que je vais faire de paroles qui en furent alors le châtiment, comme elles le seront encore aujourd'hui :

« Je ne suis pas le défenseur de Tourrès, il n'entend pas se défendre, il ne m'appartient pas de juger ses raisons ; je les respecte. Je ne défendrai donc pas devant vous la question politique, la question de l'insurrection. Je veux établir un fait, ce sont les services militaires de Tourrès qui ont été contestés hier ; et pour cela la cour comprendra que je puisse un instant remplir non le rôle de défenseur qui ne m'appartient pas en ce moment, mais celui d'interprète, pour éviter que les paroles de Tourrès n'arrivent à la cour mutilées pas l'organe de son greffier.

« Tourrès vous a dit hier qu'il avait servi, et que, comme soldat, on n'avait rien à lui reprocher. J'apporte les états de service de Tourrès, son congé en forme, la preuve qu'en 1816 il est entré au service, qu'il en est sorti en 1824 à la suite d'une blessure qui le met aujourd'hui hors d'état de se faire entendre par vous, qui le force à employer un interprète pour vous traduire sa pensée.

« Tourrès avait allégué ce fait, et au moment où il entrait dans cette partie de sa défense, on l'a interrompu par ces mots qu'on lui a jetés à la face : « Vous n'avez pu être soldat, puisque vous avez été condamné pour vol ! » Ainsi, de ce banc de l'accusation où l'on siége, on donnait un démenti à cet homme prisonnier, quand libre il n'aurait pu le souffrir de la part d'un homme libre !

« Maintenant, voici ce qu'il y a à dire sur ce fait : Tourrès

4

avait quatorze ans, il était abandonné par sa famille. Son pauvre père était dans une hôpital de fous.. Quatre malheureux enfants, par une imprudence que vous, Messieurs les pairs, auriez punie dans l'intérieur de votre famille, si le coupable avait pu être un de vos nobles enfants, commirent un vol, et Tourrès, comme complice et accusé d'avoir consommé le résultat de ce vol, subit deux condamnations successives, parce qu'il y avait eu deux objets volés.

« L'armée ne s'est pas montrée aussi injuste que le ministère public ; elle a pensé qu'un pauvre enfant du peuple qui avait failli si jeune, pouvait se réhabiliter sous les drapeaux. Tourrès, entré au service, s'est élevé successivement et malgré la la difficulté de sa position à un grade honorable, parce que tous le sont à l'armée.

« Voilà ce que j'avais à dire ; et puisque vous m'appelez ici pour défendre les accusés, que vous êtes satisfaits, dites-vous, de me voir prêt à remplir mon mandat, il faut que je vous dise qu'il y a en mon âme quelque chose qui se révolte, quand je vois le ministère public, vingt ans après un délit commis, dont, s'il n'avait pu le saisir, il ne pourrait parler sans que l'accusé ne pût lui imposer silence et le poursuivre lui-même comme calomniateur, après vingt ans d'une vie honorable, venir rappeler ce délit dans une affaire politique ; a-t-on tenté de se rattacher à cette parole jetée du haut de la tribune par un député : « Le ramas de brigands et de forçats libérés ? »

« Ah ! c'est en vain, vous le savez vous-mêmes ; il y a sur ce banc des hommes égarés peut-être à vos yeux ; mais dans leurs poitrines battent des cœurs honorables. Vous le savez aussi, vous pouvez les condamner, sévèrement peut être, mais les flétrir, jamais ! Oui, je le répète, on a manqué au respect qu'on doit à l'accusé. On peut pleurer sur le soldat qui tombe en défendant son pays, mais il faut aussi savoir respecter l'accusé qu'on poursuit : c'est un devoir auquel nul ici ne doit manquer ; et quoique je ne défende pas l'accusé Tourrès, j'aurais regardé comme une lâcheté de ne ne pas relever devant la cour cette cruauté inutile. Mon espoir, ma conviction profonde c'était qu'un esprit de haute convenance aurait jeté le voile sur ce qui s'est passé. Lorsqu'un homme a payé sa dette au jugement qui l'a condamné, et que ce fait est étranger à d'autres faits pour lesquels il revient devant vous, l'humanité, la justice, commandent l'oubli religieux du passé : le ministère public devrait l'enseigner par ses actes ; quand la loi a puni, la société pardonne. »

Certes, messieurs, vous en conviendrez... voilà de nobles et surtout de hautes paroles. Elles auraient pu suffire à la leçon que le barreau donnait au parquet.

Le président de la cour des pairs en jugea autrement ; et il pensa que si la leçon venait de l'un des trois corps de l'état, elle frapperait de plus haut encore. Se faisant alors l'interprète des sentiments de la cour des pairs, il fit tomber à son tour ce blâme indirect mais sévère, sur le langage insultant en implacable de l'avocat général :

« M. *le président.* Ce que le défenseur vient de dire n'ajoute rien à ce que l'accusé Tourrès avait dit à la cour, et dont la cour est saisie : car la cour est attentive à tout ce qui est dit à la décharge de l'accusé comme à ce qui est à sa charge.

« La cour sait que Tourrès a été condamné à un âge fort jeune et dans des circonstances qui peuvent être regardées comme une excuse : elle sait qu'il a eu l'honneur de servir son pays ; il paraît l'avoir servi honorablement ; la cour n'en perdra pas la mémoire, lorsqu'elle aura à délibérer sur le sort de l'accusé Tourrès. »

Vous avez bien de l'aplomb, monsieur!... Oh! oui, beaucoup, pour ne rien dire de plus ;... et cependant, votre tête alors se courba sous ces paroles d'intelligente commisération... tenez, comme elle se courbe encore à cette heure.

Enfin, Messieurs, le 2 juillet la discussion s'engage sur l'impassibilité du parquet de Lyon en face des assassinats dont je vous ai rapidement retracé la lamentable histoire.

M. Chegaray ne se contente pas de nier qu'il ait été averti, ou que du moins, — en cauteleux formaliste qu'il est, — on ait déposé une plainte en bonne et due forme, papier timbré, signature légalisée, et tout le protocole ; il ne se borne pas à qualifier simplement *de victimes d'une méprise malheureuse*, les victimes d'un égorgement prémédité, exécuté de sang - froid, en dehors de toutes les surexcitations d'une lutte... qui avait cessé.

Non, il faut plus que cela au procureur du roi de Lyon, devenu avocat général. A l'impudeur de son inaction, il faut qu'il ajoute l'insulte pour ceux dont l'initiative en a été la flétrissure.

Vous savez, Messieurs, que des citoyens ont fait sur les assassinats de Vaise cette enquête que le procureur du roi de Lyon avait eu sans doute intérêt à ne pas faire. Parmi ceux là était un sieur Chanier dont le zèle infatigable avait recherché tout, vérifié tout, soulevé tous les suaires, compté toutes les plaies, interrogé toutes les larmes, fait parler toutes les douleurs.

Devant la cour des pairs, M. Chegaray se rengorgeant dans le dédain superbe qui convient à des gens nés et élevés dès le berceau sans doute pour aspirer aux plus hautes fonctions, vous traite le modeste, mais courageux certificateur Chanier

de magistrat subalterne... Cela ne voulait rien dire, ou signi-
fiait que la valeur du témoignage devait être mesurée, non à
l'importance morale, mais à l'importance officielle de l'individu... C'est alors que M. Jules Favre put avec l'assentiment
tacite de la cour rappeler M. Chegaray au respect des autres,
sinon de soi-même ; et il fait entendre ces paroles qui auront
un écho dans vos consciences :

« Eh, Messieurs, lorsque les magistrats supérieurs s'enve-
« loppent dans leur impassibilité, est-ce que les magistrat,
« subalternes peuvent être coupables de recueillir les larmes
« des veuves et de constater le mal qui a été fait. »

Mais là ne s'est point arrêté pour M. Chegaray le supplice de
voir M. Favre secouer devant ses yeux les linceuls ensanglantés
des seize assassinés de Vaise. Les trois jours suivants le procureur du roi de Lyon s'est senti attaché vivant, lui et sa toge, à
ces seize cadavres, faits sans nécessité, sans motifs, et, contre
toute justice, demeurés sans vengeance... Mais malgré son audace, et elle est grande ! M. Chegaray ne savait plus, ne pouvait plus se défendre.

A chaque attaque ce n'est plus lui qui répond, c'est M. Martin
(du Nord), le chef du ministère public devant la cour des
pairs... Pourquoi donc M. Martin (du Nord), à qui, sur
ce point, la défense n'avait pas affaire, n'avait rien à dire,
rien à reprocher ?.. Et c'est précisément à cause de cela que
M. Martin (du Nord) parlait. Il pouvait s'indigner de ce qu'on
fît peser sur le parquet de Lyon une si horrible responsabilité
d'inaction et de mutisme... lui qui n'était pas du parquet de
Lyon. Ayant la conscience libre, sa parole l'était aussi. Et
voilà pourquoi il parlait.

Mais vous, Monsieur Chegaray, vous aviez été du parquet
de Lyon. N'ayant pas la conscience libre, votre parole ne l'é-
tait pas... et voilà pourquoi vous vous taisiez.

Assez sur la part que vous avez prise aux débats proprement
dits, Monsieur. Passons à votre réquisitoire.

IX.

Messieurs,

Ce fut sous le coup de ces échecs répétés, de ces excès de
zèle si souvent réfrénés, de cette implacabilité tant de fois cons-
puée, de cette glorification de ce qui ne pouvait même pas
être justifié tant de fois flétrie, que M. l'avocat général Chegaray prononça enfin son réquisitoire.

Pour lui, Messieurs, entre l'instruction écrite et la fin des
débats oraux, il ne s'est rien passé; aucune accusation n'a été

repoussée, aucune innocence n'a été démontrée, aucune action n'a été atténuée ; depuis l'arrêt infâme qui a menacé de juger sur pièces, l'avocat général a espéré qu'on jugerait sur pièces; et c'est sur pièces qu'il a rédigé son réquisitoire. On lui crie en vain : *Mais c'est faux* ; *mais vous n'avez pas de preuves*; *mais cette accusation a été pulvérisée, mais ce témoignage a soulevé le dégoût de la cour...* n'importe! M. Chegaray accuse toujours, requiert toujours ! Que voulez-vous? à lui aussi, son siége est fait ! Il faut que son siége passe; et il le fait passer.

La présence d'agents provocateurs est un fait acquis aux débats, flétrie par les accusés, flétrie par les défenseurs, flétrie par les juges, et contre laquelle l'opinion publique a fait entendre un cri d'indignation.... n'importe ! dans son réquisitoire l'avocat général se met à la contester; et dans quelle forme , grand Dieu ! Il ne se borne pas à la contester, il a des paroles de sollicitude pour les honnêtes agents provocateurs dont la moralité, suivant l'expression de M. Jules Favre , fait la moralité du parquet.

(Ici M. Chegaray adresse à MM les jurés des signes nombreux de dénégation.)

M. *de Feuillide* (s'interrompant). — Vous niez, monsieur? Ah! ne niez pas ! (montrant le *Moniteur*) les preuves en sont là.

M. *Chegaray*. — Citez les !

M. *de Feuillide*. — Des citations? Oh ! elles sont nombreubreuses ; mais pour obtenir la suspension d'audience dont mes forces épuisées avaient besoin, j'ai dû prendre l'engagement de ne parler qu'une heure à la reprise.

M. *le président*. — Et cette heure va bientôt être écoulée.

M. *de Feuillide*. — Je le sais, M. le président; aussi, pour ne pas allonger ma défense, quelqu'importantes que soient pour moi les citations, ne les ferai-je pas ; mais la cour me permettra de les joindre au dossier des pièces qui seront mises sous les yeux de MM. les jurés dans la chambre de leurs délibérations. Je continue :

Dans la conscience du pouvoir, comme dans la conscience des juges, comme dans la conscience de tous , il y a cette conviction que si l'administration civile fût intervenue dans la question soulevée entre les ouvriers et les fabricants ; que si l'administration civile ne fût point passée du côté des fabricants, l'insurrection n'aurait pas eu lieu... n'importe! M. Chegaray fait à l'administration civile un éloge de ce dont l'histoire, d'accord avec l'humanité, lui fait un blâme.

Plus loin , l'avocat général accuse la défense d'être en contradiction avec elle même, quand la défense se plaint que l'insurrection ait été réprimée d'une part, *avec mollesse*, de l'au-

tre, *avec barbarie*... Ces deux expressions s'excluent, dit-il;
et il se hâte de triompher.

Eh non! pitoyable logicien que vous êtes, ces deux expressions ne s'excluent pas.

L'une veut dire : Vous avèz mis six jours, trop de temps, pour réprimer ce qui pouvait être réprimé en 48 heures. L'autre veut dire : Ces six jours vous les avez employés à commettre des barbaries.

Des barbaries, dit-il, « on a osé parler jusque devant vous d'ordres *impitoyables* , *mensonge mille fois répété quoique sans preuves.* »

Ainsi, mensonge , ces femmes qui ne peuvent pas sortir de leur demeure, même pour aller chercher du pain, sans être tirées comme des lièvres à l'affût !

Mensonge aussi, ce journaliste qui , logé à cent pas de la place de la Préfecture, où il n'y avait pas un seul insurgé, est couché dix fois en joue, quand il se rend chez le préfet... malgré la précaution qu'il a prise de mettre des gants blancs afin de ne pas être pris pour un insurgé !

Mensonge, cette servante de l'avocat Jules Favre qui rentre après avoir été accueillie au seuil de sa porte par le ricochet de trois ou quatre balles!

Mensonges aussi, ces témoins honorables, qui, logés dans des maisons dont les deux corps sont séparés par des galeries, reçoivent, des soldats perchés sur les toits, des coups de fusil quand ils veulent passer d'un appartement à un autre!

Mensonge , tout cela, mensonge! c'est le protecteur de Picot l'agent de police qui l'affirme.

Mensonges, Monsieur, les ordres impitoyables?.. mais vous n'y pensez pas... c'est vous qui l'avez dit : « Si la défense eût été molle, hésitante, il n'y avait plus à Lyon ni justice possible, ni fonctions publiques supportables. »

Or, pour qu'une répression ne soit ni molle ni hésitante, que faut-il? répondez ; sinon des ordres impitoyables!

Qu'on se soit défendu avec cruauté, avec barbarie, s'écrie-t-il encore, c'est ce que nous nions.

Et ce mari , et ce père, et ce vieillard , et ce jeune homme de dix neuf ans... tués à bout portant dans leur chambre, au pied de leur escalier, au seuil de leur porte où ils ont été traînés?...

Et cet homme fait prisonnier et que des soldats prennent par la tête et par les pieds, balancent vivant au-dessus du parapet du pont et jettent dans le Rhône, où, resté accroché à des piquets, il sert de cible aux jeux meurtriers des soldats?... Ce n'était pas de la barbarie cela?... Mais vous avez raison, Monsieur, ce n'était pas de la défense; les soldats ne se défendaient plus, n'avaient plus à se défendre.. ils étaient vainqueurs sur toute la ligne... et, vainqueurs, ils assassinaient.

Mais vous-même encore, ô rhéteur oublieux, vous l'avouez quelques lignes plus loin.

45 personnes périrent, dites-vous, dont 29 portaient les signes extérieurs de la révolte ; et les seize qui restent, ces seize qui ne portaient pas les signes de la révolte ? Ceux-là étaient donc innocents ? et ceux-là ont été égorgés. Et vous dites qu'il n'y a pas eu d'actes de barbarie ! et égorger un innocent, dans votre langage de réquisiteur, vous n'appelez pas cela de la barbarie !

Et ces innocents que vous êtes forcé de reconnaître tels, en avez vous poursuivi les bourreaux ? Les morts ont ils été vengés; les tueurs punis ? Non ! non... Vous vous tirez d'affaire en disant : *Quelques innocents ont péri !*

Voilà toute votre oraison funèbre, voilà toute l'expiation que vous leur accordez.

Mais les bourreaux. Oh ! c'est autre chose, loin de les punir vous les excusez, vous les amnistiez ; vous faites du sophisme d'alibi.

Lorsque des soldats assaillis de toutes parts, dites vous.. Mais cela n'est pas vrai. Ainsi, dans la commune de Vaise où les égorgements ont eu lieu, les soldats n'étaient pas assaillis de toutes parts... et puis vous confondez la défense dans la rue où est la lutte, avec le massacre dans les chambres quand la lutte a cessé.

Que les coups s'égarent dans la lutte de la rue .. oui ; mais après la victoire, quand pour frapper ces coups, on monte dans les maisons ; quand on dit : « Viens çà, toi, que je te fusille. » — Horreur ! horreur ! ce n'est plus une bataille... c'est une boucherie.

Mais le sophiste va passer de l'atroce au ridicule.

Dans sa rage d'accumulation de griefs, il arrive à la puérilité .. soyons plus franc, à la niaiserie.

Savez-vous, Messieurs, quels furent deux des grands états du réquisitoire de 1835 ?

En voici un.—Sur la place des Cordeliers,—là où 45 hommes ont tenu en échec 10,000 soldats,—le caractère de l'insurrection, dit l'avocat général, était ouvertement républicain. Et savez-vous de quelle preuve ressort ce caractère effroyable ? M. l'avocat général le dit de sa voix la plus effarouchée.... Messieurs, frémissez.... Messieurs, mettez vos deux mains sur vos deux oreilles pour n'entendre qu'à demi. *«Les insurgés entr'eux ne se traitaient que de citoyens!* » Oh! mon Dieu oui, Messieurs, ils poussaient l'audace jusques-là. Se traiter de citoyens ! mais c'est l'abomination de la désolation. Vite, vite les articles du code pénal sur la peine de mort à qui se traite de citoyen !

Convenez, messieurs, que même en 1834, c'était payer un peu cher le droit anticipé de parler la langue usuelle de 1848.

M. *Chegaray* (interrompant).— Eh ! monsieur, c'est une parodie que vous faites.

M. *de Feuillide*. — Eh ! monsieur, est-ce ma faute, à moi, si la parodie c'est la pièce ?

Pauvre avocat général que vous êtes ! et on a jeté sur vos épaules l'hermine du parquet de la cour de cassation ! Epiménide de 1835, envoyé à la législative de 1849, comprenez-vous, maintenant, pourquoi je me suis opposé à votre candidature ? Je voulais vous éviter l'horrible grimace que doit vous faire faire ce mot de citoyen, par lequel M. Thiers lui-même commence tous ses discours ; vous savez : « Citoyens représentants!...» Mais peut-être ai je pris trop de soin, et aviez-vous un excellent moyen pour que ce mot si mal sonnant ne déchirât point votre bouche; c'est sans doute pour n'avoir pas à le prononcer que vous ne montez jamais à la tribune.

Autre grief, Messieurs, et bien plus écrasant, et qui démontre bien plus la nécessité de la peine de mort requise par les conclusions du parquet.

Des proclamations, dit M. Chegaray, ont été saisies. Qui les a écrites? On l'ignore.... Sans doute quelque agent de police, chargé de donner à l'insurrection un cachet très-foncé de fanatisme.

Qui les a remises au parquet? on ne le sait pas davantage.. Sans doute quelque Picot désintéressé, dénonçant uniquement pour le bien de l'état et de la société.

Mais n'importe ; avec le parquet de 1835, il n'y faut pas regarder de si près. Toujours est-il que ces proclamations, plus ou moins apocryphes, portaient, non le millésime du calendrier grégorien, mais la date présomptive du calendrier républicain : « 23 germinal an 42.» Aussi, l'avocat général en profite-t-il pour aiguiser toutes les pointes de son éloquence et de son ironie.

« Vous le voyez, s'écrie-t-il, dans ses étranges idées de légitimité, la République considère comme non avenu tout ce qui s'est fait depuis le 9 thermidor. »

Certes, oui, c'est là de la puérilité de la part de ceux qui ressuscitent ces vieilles formules qui ne sont plus bonnes qu'à amuser les voltigeurs de 93, comme en 1815 les émigrés avaient restauré les formules des voltigeurs de Louis XV. Mais en vérité convenez qu'il y a une puérilité égale pour le moins à s'en faire une arme de réquisitoire. Et puis, il faut le dire, l'honneur de cette prétention à renouer la chaîne des temps n'est pas d'invention républicaine. Elle est, si vous le permettez, le fait de la légitimité monarchique, de l'une des fractions de ces partis avec lesquels, Monsieur, vous marchez enrôlé sous le drapeau de l'ordre, dont les plis sont si amples qu'ils couvrent tous les ordres possibles : l'ordre du Consulat, l'ordre de l'Empire, l'ordre de la Restauration, l'ordre de la dynastie de Juillet... tous les ordres enfin, excepté l'ordre de la République.

Le roi Louis XVIII datait son règne de la mort apocryphe du malheureux élève de Simon le cordonnier ; et pour lui, comme dans l'histoire écrite par des gens fort partisans aujourd'hui de la liberté d'enseignement, l'Empire n'avait été que la dictature militaire de M. le *marquis de Buonaparte*, commandant en chef des armées françaises pour sa majesté Louis XVIII, empêché.

Allons, Monsieur ! convenez que les générations populaires auraient meilleure grâce et plus juste droit que les races royales, à regarder comme non avenu tout ce qui n'est point fait par elles et pour elles.

Les races royales disparaissent, épuisées ou balayées sans se renouveler... souvent ! et leur pouvoir meurt avec elles... La liberté, elle, est comme le peuple... un moment elle peut faiblir, mais elle ne disparaît pas !... Il vient toujours un moment où elle revendique et reconquiert ses droits au gouvernement du monde. Il n'y a que ce qui est impérissable, Messieurs, qui puisse renouer la chaîne du temps ; or, le peuple, comme Dieu, ne meurt jamais.

Mais assez, assez sur cette première partie du réquisitoire de M. Chegaray devant la cour des pairs. Je ne me sens pas la force de fouiller plus avant dans ce lourd et absurde fatras de sophismes et de puérilités qui ne sortent de l'atroce que pour tomber dans le niais et dans le ridicule.

Venons au moment, Monsieur, où vous ne sortez du niais et du ridicule que pour tomber dans l'hypocrisie, dans l'hypocrisie du mot et de la phrase, masque de l'hypocrisie des sentiments. Là est toute votre défense. Je vais donc vous y suivre, Monsieur ; mais, je vous en avertis, je ne vous y trouverai que plus atroce, car vous y aspirez au mérite d'allier les grands airs de la clémence avec les profits les plus clairs de l'implacabilité.

IX.

Il est certain, Messieurs, qu'averti par tous les échecs subis durant les débats, par toutes les clameurs de l'opinion qui lui arrivaient de haut avec l'ordre d'en tenir compte, le parquet de la cour des pairs mit une sourdine aux éclats véhéments de son zélé. C'est du moins ce dont M. Chegaray s'est vanté lui-même en parlant de son réquisitoire comme d'un modèle de modération, *de haute et sereine impartialité*.

Mais sous ce calme et cette sérénité, apparentes seulement pour ceux qui ont intérêt à les deviner, est-il donc si difficile de retrouver ces colères contenues et d'autant plus perfides, qui sont le propre des gens que, dans l'article incriminé, je traitais de robins au criminel ?

Pour prouver qu'il n'a pas été le magistrat implacable que j'ai dit, M. Chegaray a cité deux passages de son réquisitoire. L'un se rapporte à l'accusé Lagrange, l'autre à la peine de mort.

Voyons le premier :

« L'ACCUSATION PORTÉE CONTRE LAGRANGE, dit M. Che-
« garay, EST PARFAITEMENT ÉTABLIE; mais notre devoir ne
« serait pas entièrement rempli si, en présence du silence obs-
« tiné que paraît s'être imposé l'accusé, nous n'indiquions à la
« cour, non pas les moyens de défense, mais les circonstances
« atténuantes qui s'élèvent en sa faveur.

« Lagrange qui a délibéré sur l'insurrection ne la voulait
« pas; il a combattu contre son avis en obéissant à l'impulsion
« d'autres hommes qui n'y combattaient pas avec lui, après
« l'y avoir poussé; toute criminelle qu'elle soit, cette conduite
« *n'est pas indigne de quelque intérêt*. Il a souvent usé avec
« humanité de son influence sur les rebelles; il a arraché
« l'agent Corteys à une mort presque certaine; il a, en diver-
« ses rencontres, protégé les personnes et les propriétés;
« CERTES, CES FAITS NE DÉTRUISENT PAS SA CULPABILITÉ;
« mais du moins, *il n'a pas ajouté un crime à d'autres*
« *crimes*, il en a empêché plus d'un, et votre justice impar-
« tiale lui en tiendra compte, MALGRÉ LA VIOLENCE INSENSÉE
« D'UNE PARTIE DE SA DÉFENSE. »

N'est-ce pas se moquer de la raison, abuser de la construction grammaticale et de l'agencement logique et oratoire des phrases et des mots, que d'appeler cela un modèle d'impartialité calme et sereine? Et croyez-vous donc qu'il faille être un habile professeur de rhétorique et de grammaire pour porter dans ce tissu de phraséologie pateline le scalpel de la dissection ?

Convenez en, Messieurs : c'est se montrer singulièrement soucieux de mettre en relief des circonstances atté-nuantes que de les encadrer et de les flanquer au milieu, en tête et en queue, par quatre phrases foudroyantes comme celles-ci :

1º *L'accusation portée contre Lagrange est parfaitement établie :*

2º *Ces faits ne détruisent pas sa culpabilité*;

3º *Il n'a pas ajouté un crime à d'autres crimes*;

4º *Malgré la violence insensée d'une partie de sa défense.*

En vérité, Monsieur, quelques fioritures que vous ayez brodées là-dessus de votre voix la plus mielleuse, je vous défie d'avoir adouci les tons aigres et sinistres de ce thème de culpabilité qui revient quatre fois, comme un refrain, à la fin de chaque période de clémence, pour en être l'outrageuse moquerie !

Voyez, en effet: de quel intérêt voulez-vous que paraisse digne l'homme dont vous commencez par *établir parfaitement l'irréfragable culpabilité* ?

Quelle part d'atténuation peut être octroyée à des faits qui ne *détruisent pas la culpabilité* de faits précédemment énumérés?

Dans la balance où vous prenez bien soin de dire que pèsent déjà dix ou onze crimes, de quel poids, je vous le demande, peut être cette circonstance que l'homme qui les a commis s'est borné à ne pas se donner le luxe d'un douzième ?

Et enfin, comme si vous craigniez que cette moquerie de circonstances atténuantes ne pût être prise au sérieux par les juges, vous finissez par le trait le plus perfide à la fois et le plus lâche... Vous rappelez à ces juges que cet homme pour lequel vous invoquez leur compassion, a été violent dans une partie de sa défense. De peur qu'ils ne les aient oubliées, vous faites revivre ces scènes terribles où Lagrange faisait éclater sur eux la haine, le mépris, l'opprobre, et les vouait eux et leur jugement à l'exécration du monde... Vous leur rappelez qu'un moment, eux, l'un des trois corps de l'état, le premier dans la hiérarchie du pouvoir législatif, eux la première cour de justice, eux les pairs du royaume... ont frémi, ont tremblé, ont courbé la tête, disons le mot, ont eu peur devant un homme, devant un accusé fort de son droit, fier de ses convictions, et honoré pour la loyauté de son caractère et l'inflexible probité de sa vie! Ah! en leur retraçant ces émotions poignantes, ce n'était point la clémence des juges que vous appeliez sur Lagrange, c'était leur ressentiment, c'était leur vengeance !.. Et voilà pourquoi, vous avez fini par cette évocation de la défense violente de Lagrange.

Mais enfin, oublions tout ce que je viens de dire, ce qui ressort trop clairement de la contexture même de cette portion *clémente* de votre réquisitoire; prenons cette preuve étrange de votre *haute et sereine impartialité* pour ce que vous la dites.

Quelle impression voulez-vous qu'elle pût faire dans l'esprit des juges? Avant de vous lancer dans la mansuétude des cir-

constances atténuantes, n'aviez-vous pas pris la précaution oratoire d'en anéantir par l'anticipation les méritants effets? Ces
traits de générosité, de grandeur, cette protection accordée aux
personnes et aux propriétés, cet agent arraché à la mort, toute
cette conduite enfin que vous déclarez ne pas *être indigne de
quelque intérêt,* — ce qui n'est pas beaucoup, convenez-en, — ne
veniez-vous pas, quelques pages plus haut de votre réquisitoire, de prendre le soin de leur enlever tout leur caractère de
grandeur et d'humanité? N'en aviez-vous pas odieusement diffamé les intentions? N'en aviez-vous pas fait chez les accusés,
le produit non de nobles et généreux instincts, mais du plus
abject calcul d'égoïsme?

« Nous pourrions insister sur ces faits, — avez-vous dit en
» rappelant des propos tenus par des insurgés pour diminuer
« l'horreur des faits commis par les vainqueurs ; — mais nous
« ne le ferons pas; car nous nous occupons ici de faits géné-
« raux, et nous reconnaissons que, pour la plupart, les chefs
« de l'insurrection ont usé de leur influence pour empêcher des
» crimes autres que même de l'insurrection. Il faut
« bien dire que *cette modération dans le combat était une
» précaution indiquée aux chefs par le plus simple bon sens,
« car ils voulaient avant tout le triomphe de leur cause et
» devaient éviter tous les excès qui l'auraient compromise
« en la déshonorant.* »

Eh bien! que vous disais je? Eh croyez-vous que jamais
rhéteur puisse abuser davantage de ce mot du prince de Taley-
rand : « La parole a été donnée à l'homme pour déguiser la
pensée! »

Quoi! vous vous proposez à la fin de votre réquisitoire de
reconnaître et vous reconnaissez, en effet, que Lagrange et
quelques autres ont usé de leur influence pour empêcher des
crimes autres que le crime même d'insurrection ! quoi! vous
vous proposez d'appeler et vous appelez sur ce fait l'attention des juges! quoi! vous proposez de dire et vous dites
que c'est là une conduite digne de quelque intérêt !.. Et voilà
ce que vous commencez par dire de cette influence, de ces
aits, de cette conduite! et voilà l'origine infâme que vous leur
assignez! Cette influence, ces faits, cette conduite dont la vérité vous arrache l'aveu, vous les mentionnez pour vous donner des airs d'impartialité... mais vous ne les avouez qu'a-
près avoir pris soin de leur enlever leur caractère saint de moralité, cette chose qui seule peut toucher des juges. Ce qui
chez les accusés était le cri de l'humanité, de l'honneur, vous
le changez en calcul d'ambition qui se tient en partie double
et se chiffre par doit et avoir. Et vous espériez de bonne foi
que les juges se laisseraient prendre à ce double jeu de votre

rhétorique, et qu'ils amnistieraient l'acte d'humanité dont vous n'aviez fait par avance qu'un acte d'habileté?.. Non, non, vous ne l'espériez pas ! Non, non, vous saviez bien que vous ne seriez pas pris au mot... et voilà pourquoi ce mot vous l'avez prononcé.

Ah ! que vous êtes bien de la race des légistes couards, hypocrites et retors qui emmanchent leur colère à froid dans des phrases, dans des mots hurlant d'être accouplés ensemble ; qui ne parent de fleurs la victime que pour mieux lui masquer le couteau et l'autel du sacrifice ; et qui n'éloignent d'une main le patient de l'échafaud, que pour l'y pousser plus sûrement de l'autre !

Tout cela est bien atroce et bien abject, n'est-ce pas, Monsieur ; pourtant ce n'est pas encore tout.

De peur que ces chefs de l'insurrection, s'ils restaient isolés, s'ils étaient couverts par ce manteau troué et lacéré que leur a laissé votre réquisitoire, ne parussent encore trop dignes de QUELQUE INTÉRÊT, même dans les conditions dégradées que vous leur aviez faites, vous vous empressez d'ajouter :

« Mais à quels hommes commandaient-ils donc ces chefs des
« révoltés, puisque à chaque instant chacun d'eux était obligé
« de compromettre sa popularité éphémère et de jouer sa vie
« pour empêcher le meurtre ou le pillage ? Ah ! Messieurs, re-
« portez-vous aux éloges que font d'eux-mêmes assez complai-
« samment les chefs d'une telle armée ; reportez-vous aux traits
« dont quelques-uns d'entr'eux se plaisent à se vanter ; suppo-
« sez un instant qu'ils eussent triomphé avec de pareils auxi-
« liaires, et demandez-vous ce qu'eût été le lendemain de leur
« victoire. »

Insulteur !... le lendemain de leur victoire aurait été en 1834 ce qu'il avait été en juillet 1830, ce qu'il avait été à Lyon en novembre 1831, car c'étaient les mêmes hommes qui avaient commandé, les mêmes hommes qui avaient combattu.

Et qui donc, en juillet 1830, en novembre 1831 avait eu à souffrir dans ses biens, dans sa famille... dans soi-même ? Qui avait été proscrit, persécuté ? qui avait péri ?.. personne, personne !

Insulteur, insulteur ! Le lendemain de leur victoire aurait été en 1834 ce qu'elle a été en 1848 ; car ce sont encore les mêmes hommes qui ont commandé, les mêmes hommes qui ont combattu.

Et qui donc, en 1848, a souffert dans ses biens, dans sa famille, dans soi-même ? Qui a été proscrit, persécuté ? qui a péri ? personne, personne ! Vous-même, Monsieur, qui avez au front en lettres indélébiles ces deux dates sinistres, 1834 et 1835, de quoi avez-vous à vous plaindre ? qui vous a persécuté, pour-

suivi , personne!.. Que vous ont fait les vainqueurs?.. rien,
rien. Ils vous ont destitué, voilà tout. Et de cela, Monsieur,
vous n'auriez à vous plaindre que si vous vous étiez senti assez de zèle pour servir aujourd'hui cette République que vous
avez insultée , poursuivie jadis , et contre les partisans et
les promoteurs de laquelle en 1835 , pour s'être trompés de
date, vous invoquiez la peine de mort dont vous disiez qu'elle
était légitimement écrite dans nos codes.

X.

Certes, Messieurs, vous devez trouver que j'ai surabondam-
ment justifié l'accusation d'implacabilité sinistre dans les troubles désolés de la patrie, que j'ai fait peser sur le procureur du
roi de Lyon devenu avocat-général de la cour des pairs.

Pour être pleinement innocenté par vous, il ne me reste plus
qu'à justifier le fonctionnement à outrance de l'échafaud politique, que j'accuse M. Chegaray d'avoir demandé et poursuivi.

Cette justification, Messieurs, ressort du passage même du
réquisitoire que mon adversaire vous a lu dans une autre espé-
rance.

Voici, en effet, ce passage dont je vais accentuer les termes,
et qu'ensuite nous examinerons ensemble :

« Quand nous faisons ce solennel appel à *votre ferme justice*,
« ne pensez pas que nous venions vous demander une justice
« sanglante, non, Messieurs.

« La peine de mort en matière politique est écrite dans nos
« codes, ELLE Y EST LÉ-GI-TI-ME-MENT ÉCRITE... C'EST NO-TRE
« EN-TIÈRE ET PRO-FONDE CON-VIC-TION !

« *La plupart des hommes placés devant vous ont en-*
« *couru* LA PLUS TERRIBLE DES PEINES , et qui peut douter
« cependant que votre vœu le plus cher ne soit de l'épargner
« même aux plus coupables d'entr'eux ? »

Messieurs, il faudrait ne pas savoir lire, ne pas savoir entendre, manquer d'intelligence et de bon sens, pour ne pas trouver la demande à outrance du fonctionnement de l'échafaud
politique dans ces seules paroles : « *La peine de mort est
légitimement écrite dans nos codes... c'est notre pleine et
entière conviction.* »

Si l'on ne demande pas l'application de la peine de mort...
à quoi bon cette insistance sur la légitimité de son inscription
dans les codes ?

Si l'on est poussé par un sentiment de clémence... à quoi bon
déclarer si résolument que cette légitimité de la peine de
mort est en nous une conviction entière et profonde.

Que sont tous les autres ornements phraséologiques dont vous assaisonnez ces solennelles déclarations, sinon des lieux communs oratoires qui ne servent qu'à leur donner plus de relief et plus de force !

Ce que vous vouliez, Monsieur, ah! c'était bien la peine de mort ! ce que vous vouliez en proclamant sa légitimité, c'était bien l'obtenir ! Pour cela, vous compreniez qu'en demandant l'application à 122 têtes de la plus terrible des peines justement encourue, il fallait y mettre des formes... et comme légiste, vous saviez bien que la forme emporterait le fond.

Je vous l'ai déjà dit ailleurs, Monsieur, il y avait alors en vous le magistrat politique de tout temps, et le magistrat ambitieux de la circonstance.

Comme magistrat ambitieux ou de la circonstance, vous avez pris le vent du pouvoir et de l'opinion publique ; et comme magistrat ambitieux, vous dites aux juges ce que vous avez appris de leurs dispositions : « Qui peut douter que votre vœu le plus cher ne soit de l'épargner même aux plus coupables des accusés, cette peine, la plus terrible des peines qu'ils ont cependant encourue... »

Comme magistrat ambitieux, vous savez que les circonstances ne sont pas à la demande de la plus terrible des peines, et vous dites : « Ne pensez pas que nous venions vous demander une justice sanglante. »

Mais comme magistrat politique, oh ! c'est différent ! ces circonstances qui commandent la clémence, il vous en coûte de les subir, il vous répugne de voir toute une cour suprême se courber devant elles. Au-dessus de circonstances qui ne sont qu'un fait passager, vous placez la perpétuité du droit ; vous en voulez éviter la prescription pour le jour où ces circonstances viendraient à ne plus exister. Vous voulez que le pouvoir sache bien que le jour où il lui serait profitable d'appliquer la peine de mort, il trouverait en vous un magistrat résolu à la demander, un magistrat convaincu de sa légitimité ; et vous posez alors cette pierre d'attente : « *La peine de mort en matière politique est écrite dans nos codes...* »

Ce n'est pas assez ! de peur que l'on ne prenne ces paroles pour la simple constatation d'un fait, dont chacun peut à sa guise apprécier la moralité ; de peur que cette appréciation elle-même ne tombe dans un sophisme de philosophe ou de chrétien, vous ajoutez :

« ELLE Y EST LÉGITIMEMENT ÉCRITE. »

Enfin, Monsieur, de peur qu'on ne voie en vous un magistrat égaré par les arguments de quelque farouche criminaliste, vous vous découvrez tout entier ; vous voulez que l'homme se montre sous le magistrat pour appuyer l'un sur

l'autre ; que l'un par l'autre acquière une autorité devant
laquelle tous les raisonnements sont sans réplique, l'autorité
de la conscience de l'homme, greffée sur la conscience du légiste.... et vous vous résumez sèchement, froidement en ces
quatre mots :

« C'est notre entière et profonde conviction ! »

Et vous n'appelez pas cela avoir demandé à outrance le fonctionnement de l'échafaud politique?.. mais alors vous auriez
donc fait défaut à la légitimité de la peine de mort? mais alors
vous auriez trahi vos convictions entières et profondes, vous,
le magistrat indépendant, le magistrat courageux que vous
dites avoir été?.. Non, non, Monsieur, vous n'avez pas plus
failli à vos devoirs qu'à votre conscience. En proclamant la
légitimité de la peine de mort, vous avez par cela seul demandé
l'application de la peine de mort. Et si l'échafaud de droit[1],
dressé légitimement dans votre conscience, n'est point passé
de vos convictions dans le redressement de l'échafaud de fait à
la barrière Saint Jacques, ne vous en faites point honneur,
Monsieur ! n'en prétendez aucun bénéfice ni dans le passé, ni
dans le présent, ni dans l'avenir.

Non, Monsieur, non. Si la peine de mort requise par
le parquet le premier jour des débats, et qui, le quarante-
cinquième jour d'audience, fut le dernier mot de ses réquisitoires, n'a point été appliquée aux accusés d'avril, c'est
parce qu'on aurait dû faire tomber 122 têtes, et qu'il
n'est point de despote, roi ou parti, qui osât se permettre une
si ample moisson de têtes coupées! C'est que les mœurs étaient
plus clémentes que les lois! c'est que les partis politiques
valaient mieux que leurs magistrats politiques! c'est que la légitimité de la peine de mort n'était point dans la conviction
entière et profonde des juges, comme elle l'était dans la vôtre.
A chacun donc selon ses œuvres : à vous la honte de l'avoir
demandée, à la cour des pairs l'honneur de l'avoir refusée ;
à l'avocat général la flétrissure, aux juges seuls les remercie-
ments du pays et les nôtres.

Ce ne sont pas seulement les phrases mises en relief et ac-
centuées par moi,—véritables ratures passées sur quelques paroles clémentes,—qui accusent l'implacabilité des intentions de
M. Chégaray, masquées sous l'hypocrisie de la forme. C'est encore la place que ces paroles de clémence occupent dans le réquisitoire.

Sont-elles, en effet, les dernières que M. Chegaray ait fait
entendre ? Forment-elles la péroraison de son réquisitoire?
Après les avoir proférées n'en a-t-il point proféré d'autres qui
les annihilaient! Sont-elles les dernières que M. Chegaray ait
déposé dans la conscience de la cour des pairs, comme un dernier

mot, après lequel il se serait assis, en s'écriant : « J'ai dit?.. »
Ah! si cela était?.. Eh bien! Messieurs, malgré tout ce que
nous venons de dire, un doute pourrait s'élever encore dans
votre esprit et dans le nôtre. Mais non, non ! ces paroles de
clémence hypocrite sont placées juste à la fin de la première
partie du réquisitoire de M. Chegaray... Et lui, il savait bien
ce qu'il faisait!.. Il confie à la seconde partie le soin de les détruire... et il y réussit cruellement. Il se reprend à l'accusation
avec un acharnement nouveau; il semble demander pardon
lui même d'avoir pu un moment faillir à ses inexorables convictions. Il se redresse dans toute son implacabilité contre les
accusés; il les reprend un à un, et ne les quitte que battus,
couchés à terre, transpercés d'outre en outre par les coups re-
doublés de son poignard de miséricorde.

Aussi, les accusés, alors, pas plus que moi, pas plus que
vous aujourd'hui, Messieurs, ne se trompèrent-ils point à ces
feintes de l'escrime réquisitoriale. L'un d'eux, avec cette colère indignée qui se fait jour par le mépris, ne put s'empêcher
de s'écrier : « On a dit : « Ne pensez pas que nous venions
« vous demander une justice sanglante. » Eh bien ! après avoir
« parlé ainsi, on n'en a pas moins appelé sur moi l'attention et
« la juste sévérité de la cour. »

M. *Chegaray* (interrompant). — Cela n'est pas, cela n'est
pas !

M. *de Feuillide*. — Quoi! Monsieur, vous niez encore !

M. *Chegaray*.— Oui... je vous défie de citer ces paroles.

M. *de Feuillide*.— Soit ! j'accepte le défi... Messieurs de la
cour, Messieurs les jurés, si les paroles que je viens de citer
de mémoire ne sont pas textuellement dans le *Moniteur*, je
passe condamnation; je consens à ce que vous disiez que, d'un
bout à l'autre de ma défense, j'ai manqué de loyauté. Voici le
Moniteur; suivez, Monsieur: — 25 juillet, folio 1768, première
colonne, quatorzième ligne; c'est l'accusé Molard-Lefèvre qui
parle :

« Messieurs, le premier organe du ministère public vous a
dit : « *Ne pensez pas que nous venions vous demander une
justice sanglante.* »

Cette phrase, Monsieur, est bien la vôtre, c'est bien celle
sur laquelle vous avez échafaudé la preuve de votre modération, de votre humeur clémente, c'est de vous qu'il s'agit,
n'est-ce pas! Eh bien ! Molard-Lefèvre ajoute:

« Et celui qui a parlé de moi s'est exprimé ainsi : « *Il appelle l'attention et la juste sévérité de la cour.* »

Messieurs, ai-je dit autre chose ? ces paroles ne sont elles pas
textuellement celles que je viens de vous faire entendre?.. Oh !
Monsieur, c'est que j'ai une mémoire inexorable ! c'est que,

5

dans toutes les citations que j'ai eu à faire de mémoire, il n'en est pas une qui n'ait été rapportée avec la même fidélité scrupuleuse. C'est que votre affaire, Monsieur, je la connais bien... Depuis quinze grands jours, je l'étudie au *Moniteur* .. sans compter les nuits... Je l'ai gravée là (M. de Feuillide porte la main à son front); et en vérité, comme je vous le disais hier, je suis trop fort pour n'être pas loyal.

Au demeurant, Messieurs, plus je vois mon adversaire se débattre contre mes accusations, plus je m'étonne ! plus j'admire la facilité merveilleuse avec laquelle un homme peut, dans un temps, se trouver diffamé par des actes et des paroles dont dans un autre temps, il s'est fait des titres d'honneur et des éléments de crédit. Pourquoi vous tordre ainsi, Monsieur, sous mes paroles, et vous échapper en interruptions fréquentes, fort étranges dans celui qui a demandé et voté des peines disciplinaires contre les interrupteurs à l'Assemblée nationale ? Les choses que je vous dis ne vous sont point nouvelles. Sans doute, vous ne les avez pas entendues comme ici, en plein public, œil sur œil et presque poitrine contre poitrine... ceci est un avantage que, permettez-moi de vous le dire, vous avez fait bien maladroitement à ma position d'accusé ; et j'en use ; j'en use sans pitié, j'en conviens. Mais ces choses, si vous ne les avez point entendues, vous les avez lues, vous avez dû les lire ; elles ont été écrites, imprimées ; et il en est même qui sont tout au long dans des journaux et dans des livres, et que moi je ne vous ai point dites.

Tenez, Monsieur, voici l'*Histoire de dix ans*, dont j'ai déjà extrait des citations accablantes ; cette histoire vous a accusé aussi d'avoir été l'instrument de l'*implacable volonté du pouvoir*...

. Et vous ne lui avez point fait de procès !

Voici la *Sentinelle des Pyrénées* qui, en 1837, à l'époque de votre première candidature à la députation, vous adressa trois lettres où je lis des choses bien plus offensantes vraiment que celles qui, en 1849, sont tombées de ma plume contre votre candidature à l'Assemblée législative ; je ne les lirai pas par miséricorde pour votre orgueil, car à travers l'homme politique, elles vont frapper l'homme privé...

Et vous n'avez point fait de procès !

Enfin, Monsieur, voici une biographie célèbre, éditée en 1839 par un libraire en grand renom dans la presse démocratique (M. Pagnerre), et qui fut attribuée à un homme d'un esprit fin et distingué, à un démocrate sincère et loyal qui fut votre collègue à la chambre (M. Garnier-Pagès).

A quoi bon lire l'article qui vous concerne, vous le connaissez aussi bien que moi...

Et cependant alors vous n'avez point fait de procès.

Pourquoi donc m'en avez-vous fait un à moi, aujourd'hui?

Ah! c'est que la différence des temps et de position a fait chez vous la différence de sentiments et de conduite·

Quand ces livres, ces journaux, ces biographies parurent, c'était en 1837, 1839, 1843, alors vous étiez procureur général, bien en cour, au mieux avec les ministres! Loin de vous sentir blessé et abaissé par leurs attaques, vous vous en sentiez enorgueilli et grandi. Elles étaient autant d'apostilles pour votre avancement; autant de motifs légitimes pour crier à l'ingratitude contre le pouvoir que vous aviez servi, si cet avancement vous eût été refusé. Chacune de ces attaques a été un échelon qui vous aidait à monter dans la hiérarchie de la magistrature; et d'attaque en attaque, d'échelon en échelon, vous montiez, vous montiez toujours... jusqu'au parquet de la cour de cassation. Et tenez, si la monarchie avait été debout quand je vous ai adressé mon accusation, vous ne vous seriez point trouvé diffamé, vous ne m'auriez point fait de procès. Vous seriez allé trouver le ministre ou le chef de l'état; et, l'*Eclaireur des Pyrénées* à la main, vous auriez dit: « Voyez ce que me vaut mon dévouement... voyez ce que je souffre pour votre cause. » Et vous ne seriez sorti de la chancellerie de France ou du château des Tuileries qu'avec une nomination inamovible de premier président quelque part.

Les attaques de Louis Blanc, de la *Sentinelle des Pyrénées* et de la *Biographie des députés* vous allaient alors... Eh bien! Monsieur, il faut qu'en passant par ma plume elles vous aillent aujourd'hui; car le jury ne vous reconnaîtra point le droit de vous venger sur moi du long sommeil de vos susceptibilités, et de m'en faire payer le réveil, trop tardif pour être sincère, et pour mériter quelque pitié.

Mais, que dis je? ce n'est ni de vous ni de moi qu'il est question ici, Monsieur... Ce n'est ni de vous ni de moi que le jury sera préoccupé dans la chambre de ses délibérations. Vous et moi ne sommes rien!.. rien que les représentants obscurs de deux grandes et fortes idées, dont l'une fait la gloire de la civilisation, et l'autre sa honte. L'une, le renversement à jamais de l'échafaud politique; l'autre, le maintien en matière politique de la peine de mort; vous représentez la deuxième pour laquelle vous avez combattu; moi, Monsieur, je représente la première pour laquelle je combats.

Ah! Messieurs les jurés, la question ainsi posée dans mon esprit et dans ma conscience comme elle le sera dans les vôtres, comprenez-vous maintenant qu'au moment des élections, rencontrant sur ma route le nom de l'homme qui avait proclamé la légitimité de l'inscription de la peine de mort dans nos codes... je me sois dressé contre lui dans toute l'énergie de mes convictions et de mes colères rationnelles ?

Quoi! au moment où les hommes de la Réaction, qui aujourd'hui nous déborde, faisaient effort pour envahir notre Assemblée nationale et y écraser par la violence ou par l'astuce les principes mêmes qui ont enfanté notre République ; je n'aurais pas fait effort, moi, pour empêcher que le pays leur confiât le salut de la République?

Oh! mon Dieu! ces hommes ont eu dix-huit ans, trente ans la France dans les mains. La France, notre grande France, la terre de l'honneur, de la loyauté, du courage, des arts, des lettres, des sciences; le pays toujours épuisé et toujours fécond qui paie annuellement un budget de plus de 1,500 millions à ceux qui l'administrent et qui le gouvernent! . et ces hommes qui l'ont gouverné et administré dix-huit ans, trente ans, de manière à n'en plus faire qu'un réceptacle pour leurs monopoles, pour leurs convoitises, pour leurs corruptions, pour leurs frayeurs... auxquelles la France n'a pu échapper deux fois qu'en courant le risque de rester au fond du gouffre des révolutions et de la banqueroute, qu'il lui fallait franchir... ces hommes, je n'aurais pas fait effort, moi, pour qu'ils n'eussent pas encore dix-huit ans, trente ans peut-être la France à corrompre, à abaisser, à exploiter, à rendre semblable à eux ?

Quoi! parmi ces hommes, j'en aurais rencontré un qui, par ses convictions, par tous les actes de sa vie de magistrat politique, était engagé à travailler au renversement du principe le plus pur, proclamé par la République au premier jour de son avénement, le principe de l'abolition de la peine de mort en matière politique... et cet homme je ne l'aurais pas dénoncé à mon pays?.. et frappant son front de ma main, je n'aurais pas crié à mes concitoyens : Lisez, il y a là écrit: « *Légitimité de la peine de mort!* » Et quelque péril qu'il y eût pour moi à le faire, je n'aurais pas voulu sauver au moins du grand naufrage des principes républicains auquel la Réaction nous pousse, le principe qui n'est ni d'un temps, ni d'un autre temps, ni d'un gouvernement, ni d'un autre gouvernement... le principe qui, s'il est républicain, est chrétien par-dessus tout; et qui, s'il est lié aux destinées de la démocratie, l'est bien davantage aux progrès de la civilisation et de l'humanité?..

Non, non! par droit, par devoir, ce que j'ai fait, j'ai dû le faire... Je l'ai fait sans colère, sans passion... Oui, Monsieur, sans aucune passion mauvaise de haine ou d'égoïsme ; pour l'honneur seul des principes et de l'éternelle justice. C'est vous, oui vous seul, qui m'y avez provoqué, par votre audacieuse candidature... Ce n'est pas moi, Monsieur, qui suis allé vous trouver sous l'ombre de votre figuier et de vos vignes, d'où si vous aviez été sage, vous ne seriez point sorti, et où, quoique vous en disiez, personne n'est allé vous chercher. Non, Monsieur, personne, si ce n'est quelques-uns de ces électeurs de l'ancien monopole dont vous aviez été l'homme d'affaires et de placement, et qui, honteux eux-mêmes de leurs démarches, ne vous ont fait avancer que souterrainement dans ces comités sans mandat, qui, à coups de bulletins imprimés, ont escamoté par surprise le suffrage universel dans ce pays....

Aujourd'hui que je vous ai fait connaître, Monsieur, le pays ne se laissera plus surprendre. Car il ne veut pas de la peine de mort en matière politique ; il ne peut pas vouloir de ceux qui en proclament la légitimité.

Vous n'en voulez pas non plus, vous, Messieurs les jurés, vous le verbe et l'écho de la conscience publique, vous l'émanation la plus pure des droits triomphants de la démocratie.

Que dans la fièvre des passions religieuses il se soit trouvé des fanatiques pour dire : « Crois ou meurs!.. » soit !...

Que dans la fièvre des passions politiques, il se soit trouvé des sophistes pour faire de la peine de mort la pierre angulaire du pouvoir... ou de la liberté... soit encore ! Mais la raison, mais la conscience, mais tout l'homme se sont soulevés... Et la raison, et la conscience, et l'humanité, ont crié : « Anathème à qui a tué au nom de la religion ! anathème à qui a tué au nom du pouvoir ou de la liberté ! »

Et voici qu'après avoir dit : « Ça été un crime de tuer au nom de l'ordre divin ! ça été un crime de tuer au nom de l'ordre politique, » voici qu'on trouverait légitime de tuer au nom de l'ordre légal ! Et vous, Monsieur, vous vous seriez fait impunément l'apologiste de cette nouvelle orgie de sang, parce qu'elle était écrite dans nos codes ?

Vous nous auriez impunément infligé la logique et l'apologie du meurtre ; et, embusqué dans la loi, vous auriez été maître ès arts du fonctionnement de la guillotine politique comme d'autres sont professeurs d'escrime et de bottes secrètes ?.. Non, non, cela ne sera pas.

Vous ne vous êtes pas assez défié de votre ambition et de votre orgueil qui vous ont fait croire à la supériorité de votre esprit et à la fortitude de votre âme, parce que vous proclamiez de sang-froid la légitimité de la peine de mort. Dans le livre des *Soirées de St Pétersbourg*, de M. le comte de Maistre, le bourreau faisant sauter dans ses mains les pièces d'or qu'il a reçues pour sa besogne, dit avec orgueil : « Nul, sans émotion, ne roue mieux que moi. » Vous, Monsieur, vous avez pu dire aussi avec orgueil : « Nul, sans émotion, ne requiert mieux que moi. » Mais cela prouve-t-il la fortitude de l'âme du bourreau et la supériorité de son intelligence ?

Non, Dieu merci ! il ne nous faudra pas trouver admirable au nom de l'ordre légal, dans les temps monarchiques, la peine de mort que l'histoire et les peuples ont vouée à l'exécration, quand elle fonctionnait au nom de la religion et de la liberté. Et une Saint Barthélemy de royalistes ou de républicains ne sera pas trouvée plus légitime qu'une Saint-Barthélemy de protestants.

Allez, allez, architectes en cercueils, manufacturiers de cadavres; dans le creuset où vous fabriquez vos lois, vous aurez beau broyer des têtes, vous n'en ferez jamais sortir un germe d'ordre et de liberté, un grain de vertu, une étincelle de génie et de patriotisme.

J'ignore, Messieurs les jurés, quel sera votre verdict dans cette grande cause de la peine de mort, débattue entre M. Chegaray et moi, lui pour elle, moi contre elle ; avec lui la barbarie et le paganisme, avec moi la civilisation et la loi de l'Evangile, c'est à-dire l'humanité, c'est-à-dire Dieu !

Mais, quel qu'il soit, ce verdict, je l'attends sans trouble. Mais, quel qu'il puisse être, Messieurs, laissez-moi adresser à cet homme, en terminant, ces paroles, les dernières que je fis entendre en 1836 aux assassins du général Ramel, dans mon procès de Toulouse :

« Quand le tribunal m'aura condamné aux 50 mille francs
« de dommages-intérêts que vous me demandez, c'est à-dire
« plus que je ne possède, plus que je ne possèderai jamais,
« moi, ma femme et mes enfants, en travaillant tout le temps
« que Dieu peut me donner à vivre ;

« Quand j'aurai passé dans les prisons les cinq années que
« vous me demandez, c'est-à dire les cinq plus belles années
« de mon âge mûr;

« Quand le bourreau lui-même aurait, comme aux vieux
« temps, arraché de mon livre et brûlé sur les marches du pa-
« lais de justice les pages incriminées ;

« Eh bien ! après avoir satisfait à toutes ces peines, malgré
« le jugement qui m'aurait condamné, partout où je vous
« rencontrerais je vous dirais : « Baissez la tête devant moi,
« vous avez assassiné le général Ramel. »

A vous M. Chegaray, je vous dirai : « Baissez, baissez la tête devant moi : vous avez été d'une implacabilité sinistre dans les troubles désolés de la patrie ; vous avez proclamé la légitimité de la peine de mort ; vous avez demandé le fonctionnement à outrance de l'échafaud politique ! »

DÉFENSE DE L'ÉCLAIREUR DES PYRÉNÉES,

PAR M. MARCEL BARTHE.

Messieurs les jurés ,

Le procès qui vous est soumis ne se renferme point dans le cercle étroit d'une diffamation. Il soulève une question autrement grave, autrement vitale, une question d'intérêt général, celle de la liberté de discussion sur les candidatures. Cette question touche à la base même du gouvernement républicain, au suffrage universel.

Le gouvernement républicain est un gouvernement de raison, de liberté et de justice. En temps d'élection, il faut faire appel à la raison de chacun, il faut provoquer de chaque électeur un vote éclairé. Comment peut on le faire, si ce n'est en discutant les titres des candidats ?

Les électeurs doivent porter leurs suffrages sur une série de personnes. L'homme qui n'a vécu que dans le rayon de son village ne peut pas connaître les antécédents, les opinions, la valeur morale de tous les candidats qui briguent l'honneur de représenter leur pays.

Il y a deux manières de les lui faire connaître, la parole et la presse. La parole, c'est-à-dire les réunions électorales. Là on discute au grand jour chaque candidat, on y fait le bilan de tout son passé. Souvent même, on l'appelle au sein de la réunion, chaque électeur peut l'interpeller sur les questions les plus délicates, sur les sujets les plus personnels.

Mais tous les électeurs ne peuvent pas assister à une réunion électorale, tout un département ne peut pas venir se grouper dans l'intérieur d'une salle. Il faut donc remplacer la discussion orale par la discussion écrite ; il faut remplacer la parole par la presse ; il faut que le journal aille trouver l'électeur et lui dire : « Tel homme aspire à l'honneur de régler les intérêts de la France, les intérêts de la France sont ceux de chacun : si les affaires publiques sont bien conduites, les affaires privées seront prospères. Vous devez donc connaître ce candidat avant de lui donner votre suffrage ; vous devez chercher dans son passé des garanties pour l'avenir. Eh bien ! voici ce que moi, journal, qui recueille chaque jour des faits isolés dont l'enchaînement compose une vie politique, voici ce que je sais sur les antécédents, sur les opinions, sur la conduite de cet homme.

De même qu'en temps d'élection les réunions politiqu

doivent jouir de plus de liberté que dans les temps ordinaires, de même la presse doit jouir de la plus ample liberté pour la discussion des candidats.

Sans doute, cela peut causer des désagréments personnels. Tous ceux qui ont subi le feu d'une bataille électorale en savent quelque chose ; mais il faut savoir accepter la liberté avec ses inconvénients comme avec ses avantages. Il y a un intérêt immense pour le pays à ce que les candidatures politiques puissent être complètement discutées. Le choix des représentants peut amener le salut ou la ruine de nos institutions, la paix intérieure ou une nouvelle révolution, la grandeur ou l'abaissement de la France.

Dans une République, le gouvernement est peu de chose, la souveraineté nationale est tout. C'est la nation qui se gouverne elle même ; c'est la nation qui, par les mandataires quelle choisit, règle les destinées du pays. Puisque chaque citoyen doit déposer toutes ses espérances, tous ses sentiments d'amour pour la patrie, dans les mains des représentants qu'il élit, il faut qu'avant de les nommer, il puisse les connaître complètement.

M. Chegaray fait peut être des efforts pour devenir républicain, mais qu'il me permette de lui dire qu'il ne l'est pas encore. Le procès qu'il soutient aujourd'hui, révèle un esprit qui n'a pas accepté dans la pratique, la liberté inhérente aux institutions républicaines.

On a prétendu que ce procès n'était point politique ; mais il n'est que cela. Si vous aviez pu concevoir le moindre doute sur ce point, les paroles de M. Chegaray l'auraient certainement dissipé. N'a t-il pas, hier, coupé la société en deux ? D'une fraction, il a formé le grand parti de l'ordre, le parti modéré. Tout le reste ne forme sans doute, selon lui, qu'un ramassis de gens passionnés pour l'anarchie.

Et de quoi se compose, s'il vous plaît, ce grand parti modéré ? Uniquement de ceux qui ont servi une des trois monarchies qui, depuis soixante ans, ont régné sur la France. Avez-vous servi la monarchie du droit divin et seriez vous encore prêt à vous dévouer pour elle ? vous êtes du parti modéré. Avez vous été enivré par les splendeurs de l'Empire et seriez-vous encore disposé à le recommencer sans l'empereur ? vous êtes du parti modéré. Avez-vous quelque peu participé aux largesses de la monarchie de juillet et recommenceriez vous volontiers, en petit comité, l'exploitation de la France ? vous êtes du grand parti modéré. Mais si, par malheur, vous vous avisez d'être, sous la République, républicain de la veille ou du lendemain ! oh ! vous ne pouvez être qu'un anarchiste. Le grand parti modéré veut une République sans républicains.

J'en demande bien pardon à M. Chegaray, mais peut-être aurait-il bien fait de suivre l'exemple de modération que lui avaient donné les hommes de l'opinion politique qu'il combat aujourd'hui dans l'*Eclaireur des Pyrénées*.

L'article incriminé par M. Chegaray fut écrit sous l'influence de cette fièvre électorale qui précéda le 13 mai. Vous ne pouvez réellement l'apprécier avec justice qu'en vous rappelant cette agitation, ces luttes, ces attaques violentes et toujours peu courtoises qui précédèrent la dernière élection. Il ne faut rien moins que l'intérêt de la défense qui m'est confiée, pour me déterminer à rappeler des faits que je voudrais avoir oubliés. Avant l'élection du 13 mai, il y avait, dans la représentation des Basses-Pyrénées, huit représentants qu'il fallait écarter, qu'il fallait renverser à tout prix pour faire place à vous, M. Chegaray, et à vos collègues actuels. La liste qui portait votre nom était trois fois sainte ; celle, au contraire, qui portait les nôtres ne méritait que la flamme. Aussi, vos amis s'en allaient ils dans les campagnes s'écriant, avec tous les accents d'une chaleureuse conviction : « Si vous votez pour MM. Nogué, Lestapis et autres, il en sera fait de vos propriétés ! vous meunier, vous n'aurez plus de grains à moudre ; vous marchands de bestiaux, vous ne pourrez plus vendre vos animaux ; vous cultivateur, vous ne pourrez plus recueillir les fruits de vos sueurs. » Cela a été dit à une lieue d'ici, à Gan, par certains de vos amis politiques que j'aperçois dans cette enceinte. D'un autre côté, le journal qui a soutenu votre candidature et à qui vous devez l'honneur de siéger à l'Assemblée législative, ne s'est point fait faute de nous attaquer. Est ce que dans une série d'articles, qui avaient la prétention d'être écrits avec impartialité, nous n'avons pas été livrés à la malignité publique ?..... que dis-je à la malignité ? je devrais dire à la haine et au mépris de nos concitoyens.

Au point de vue républicain, dans le double intérêt de la République et de la France que nous ne pouvons pas séparer, nous avions craint, avant le 10 décembre, qu'il n'y eût quelque danger à élire président d'une République démocratique, le lendemain d'une révolution, un prince, un prince qui deux fois avait tenté de se faire proclamer empereur et qui, pendant près de 18 ans, avait élevé des prétentions à la couronne de France, en invoquant un sénatus-consulte impérial. Il nous avait semblé qu'il était préférable pour la paix publique, d'élire un citoyen honorable auquel on ne put jamais supposer l'arrière pensée de devenir autre chose que président de la République. Voilà les motifs qui nous avaient déterminés à nous prononcer pour le général Cavaignac dont nous connaissions le passé, qui n'était apparu sur la scène de la révolution que pour rétablir l'ordre profondément troublé, que pour sauver la société audacieusement attaquée dans ses bases les plus sacrées ; le général Cavaignac, brave et loyal soldat, qui n'a jamais connu que deux choses : le devoir et l'honneur! Il nous avait semblé que pour fonder la République, au milieu de toutes les factions qui agitaient le pays, il fallait une épée républicaine. Nous nous disions : le général Cavaignac nommé, tous les anciens partis disparaîtront ;. on ne pourra plus se demander :

« Demain aurons-nous encore la République, ou aurons-
« nous l'Empire, ou la monarchie d'Orléans, ou la monarchie
« du droit divin ? »

« Toute incertitude sur l'avenir de nos institutions disparaissant, la sécurité reviendra, et avec la sécurité une reprise des affaires immense, car ce généreux pays de France ne demande que la consolidation de la République, pour travailler, grandir et prospérer.» Notre opinion, je le reconnais, devait être erronée, puisque le pays ne l'a point adoptée. Aussi, avons-nous agi comme des hommes d'ordre, comme des citoyens amis des lois : nous nous sommes respectueusement inclinés devant la décision du peuple, sa volonté est devenue la nôtre. Mais notre opinion n'en avait pas moins été consciencieuse et loyale.

Eh bien! votre journal, le journal de vos amis politiques, au lieu de la réfuter, l'a calomniée. A l'époque des élections, il nous a représentés constamment, pas une fois, mais mille, comme des gens qui s'étaient associés à une honteuse intrigue, à une sorte de conspiration contre les intérêts de la France. Il nous a dénoncés aux électeurs comme des ennemis de la chose publique. J'omets d'autres imputations peut-être plus blessantes encore.

Voilà, M. Chagaray, quelle a été envers nous la conduite de votre parti, du parti honnête et modéré. Eh bien ! quelqu'un de nous a-t-il intenté un procès en diffamation à votre journal ? Croyez-vous que les articles dirigés contre nous fussent indifférents? Non certainement; je manquerais de franchise si je le disais. Quand on a consacré sa vie à acquérir, sinon les sympathies politiques, au moins l'estime et la considération de ses concitoyens, on ne peut point, sans une profonde amertume, se résigner à voir représenter ses actes sous les aspects les plus odieux. Mais, par notre modération, par notre réserve, nous avons voulu rendre hommage à ce grand principe républicain, que pour la discussion des candidatures, en temps d'élection, la presse doit jouir de la plus ample liberté.

Et vous, Monsieur, qu'avez-vous fait ? Au milieu de cette fièvre électorale, sous l'action de laquelle il est impossible que l'écrivain n'aille point, par ses expressions, au delà de sa pen-

sée, un journal vous a imputé, quoi ? un fait calomnieux ?
non, une opinion malheureuse, que vous aviez formellement
exprimée dans une circonstance solennelle... et vous lui intentez
un procès en diffamation ! Ah! souffrez que je vous le dise,
vous avez été mal inspiré. Comment n'avez-vous pas compris
que vous alliez rajeunir ce vieux dicton populaire : qu'il n'y a
que la vérité qui blesse?

— Après avoir repoussé les attaques dirigées par M. Chegaray
et son avocat contre la personne de M. Capo de Feuillide, M.
Barthe parle des ouvrages remarquables que ce dernier a écrits
et de plusieurs faits qui lui font le plus grand honneur, et il
continue en ces termes:

Il y a chez M. de Feuillide une conviction profonde qui
l'honore et que je partage complètement; c'est celle ci: qu'en
matière politique la peine de mort est une institution barbare et
odieuse. M. Chegaray, pour établir la mauvaise foi de son adversaire, a supposé qu'il avait attendu 1849 pour combattre
l'échafaud politique. Qu'il se détrompe ; M. de Feuillide n'a
pas attendu que M. Chegaray se présentât comme candidat républicain. Il n'avait certes pas prévu cette nouveauté, lorsque déjà, en 1837, il avait chaleureusement combattu, dans
le *Midi en* 1815, l'assassinat en matière politique. Son
livre lui valut même un procès de la part d'un homme auquel il avait reproché la mort du général Ramel. Plus tard encore, en 1844, il attaqua l'échafaud politique, dans un écrit
plein de verve et d'énergie.

M. Chegaray, au contraire, dans le procès des accusés d'a-
vril, jugé par la cour des pairs, s'était énergiquement déclaré
partisan de la peine de mort en matière politique. Il avait dit,
en termes formels, que la peine de mort pour des crimes politiques était *légitimement* écrite dans nos lois, et, pour bien
faire connaître son opinion personnelle, il avait ajouté ces
mots: « *C'est ma conviction entière et profonde.* »

La qualité de rédacteur en chef d'un journal imposait à M.
de Feuillide l'obligation de discuter les titres de M. Chegaray à la représentation nationale. Eh bien ! il lui a reproché
son opinion sur la peine de mort en matière politique. Il l'a
fait en termes vifs, passionnés, énergiques, qui se ressentent
d'une improvisation faite sous l'empire des passions électorales
du moment; mais ce n'est là qu'une question de tempéra-
ment; et si cette cause n'était pas si grave, je dirais quasi
une question de style. Mais vous, messieurs les jurés, qui êtes
des hommes sérieux, vous ne pouvez point vous arrêter à la
forme. Cela ne serait ni digne de vous, ni juste. Vous devez
rompre l'enveloppe et aller au fond de la pensée. Eh bien !
au fond qu'y a-t il? il n'y a que ceci : « Je repousse votre can-

didature de toutes les forces de mes convictions d'homme politique et de penseur, parce que vous êtes partisan de la peine
de mort en matière politique, et que vous pourriez être tenté
de relever l'échafaud politique que la révolution de février
a eu la gloire de renverser. »

—Pour prouver que M. de Feuillide n'a réellement pas voulu
attaquer l'homme qu'il ne connaissait même pas, mais seulement son opinion, Me Barthe lit un article de l'Eclaireur où
le nom de M. Chegaray figure au milieu de ceux de tous les
procureurs généraux qui, depuis soixante ans, ont requis la
peine de mort en matière politique. Il discute ensuite les éléments constitutifs du délit de diffamation. Deux circonstances
dit il, le constituent: c'est la mauvaise foi et le mensonge.

Me Barthe, pour prouver la bonne foi de M. de Feuillide,
cite un article de la Sentinelle de Bayonne, de 1837, une Biographie des Députés, éditée par M. Pagnerre, en 1839, et
l'Histoire de 10 ans, publiée par M. Louis Blanc, en 1843;
il établit par ces citations que M. de Feuillide n'a fait que re-
produire, en les affaiblissant beaucoup, des imputations déjà
fort anciennes et contre lesquelles M. Chegaray n'a jamais ré-
clamé.

Me Barthe démontre ensuite la vérité de ces imputations.

Il passe en revue divers faits sur lesquels l'auteur de l'Histoire de dix ans s'était appuyé pour adresser à M. Chegaray
de sanglants reproches. Un des plus graves est celui ci: que
M. Chegaray aurait laissé fomenter la guerre civile à Lyon en
1834, par des agents de police.—Un groupe d'insurgés avaient
levé le drapeau rouge, s'écrie Me Barthe, ce hideux drapeau
qui ne sera jamais le drapeau de la France. Les troupes font
feu sur ce groupe de personnes, un homme tombe mort, et
sur lui, on trouve la preuve qu'il était un agent de police Un
autre individu nommé Picot, étranger à la ville de Lyon, se
distingue parmi les insurgés par son extrème violence.

Il leur dénonce deux femmes qui passaient, en leur disant:
ce sont deux espions; c'était attirer sur elles la mort peut être,
si Charrier, l'un des chefs des insurgés, n'était intervenu pour
les sauver. Charrier leur donne deux saufs-conduits Plus tard,
Picot est arrêté les armes à la main par les troupes et conduit
devant M. Chegaray, alors procureur du roi. M. Chegaray fait
mettre aussitôt cet homme en liberté.

Voici, d'après le Moniteur, comment s'exprime, sur ce
point, Me Favre, un des défenseurs des accusés d'avril: « Pi-
« cot, qui s'est battu à la Croix Rousse, qui a insurgé la com-
« mune, s'est rendu auprès de l'autorité militaire, là on l'a
« jugé comme un traître et comme un déserteur, et on s'est
« emparé de sa personne. M. le général Fleury vous a dit qu'il

« l'avait renvoyé sous escorte à M le procureur du roi, en
« ordonnant qu'on eût bien soin de ne pas le relâcher; et dès
« que Picot arrive auprès de l'autorité civile, Picot est libre :
« il sert la police, il dénonce ceux avec lesquels il a com-
« battu. »

Cela ne prouve-t-il pas suffisamment que Picot était un agent
de l'autorité? Ce qui achève de le démontrer, c'est la déposition de Picot lui même. Voici, d'après le *Moniteur*, quelle
fut sa déclaration devant la cour des pairs :

« *Picot.* — Le projet que j'avais était de me mêler parmi
« les insurgés

« *M. le président.* — Pourquoi faire ? dans quel but ?

« *Picot.* — Dans le but que j'ai rempli, qui était d'en ve-
« nir prévenir l'autorité. (Mouvement au banc des accusés)
« Ça été mon but, que j'ai mis à exécution, je n'y ai été
« poussé par rien que par le désir de rendre service au gou-
« vernement. »

Conçoit-on que Picot, qui était étranger à Lyon, fût allé
se mêler aux insurgés et les exciter au meurtre et au pillage,
s'il n'eût pas été un agent de police, un de ces agents provocateurs, dont la monarchie de juillet a tant usé, et dont l'emploi fera sa honte dans l'histoire?

Peut-on admettre que M. Chegaray, procureur du roi, qui,
par la nature de ses fonctions, se trouvait nécessairement en
rapports constants avec la police, n'ait pas, sinon envoyé lui-
même, au moins toléré qu'on envoyât au milieu des insurgés
les agents qui, pour cacher leur rôle d'espion, se montraient
plus exaltés et plus cruels que les insurgés eux-mêmes, et
qui pour compromettre de malheureux ouvriers, surexcités par
la faim, par de funestes passions et sans doute aussi par des
espérances chimériques, attisaient le feu de la guerre civile et
poussaient au meurtre et au pillage. Ah! sans doute, on ne
peut point faire peser sur M. Chegaray, pris comme homme,
la responsabilité d'une partie du sang versé, à Lyon, en 1834;
mais on comprend que les journaux de l'époque et les historiens aient pu la faire peser sur l'homme politique, sur le
fonctionnaire qui s'était associé à une politique de compression
à outrance.

En supposant même que les journaux et les historiens eussent mal apprécié les actes de M. Chegaray, comme fonctionnaire politique, M. Capo de Feuillide n'en devrait pas moins
être relaxé, car il n'a fait que répéter avec bonne foi ce que
d'autres avaient écrit longtemps avant lui.

Me Barthe s'est demandé ensuite pourquoi M. Chegaray
avait laissé passer sans réclamer toutes ces imputations dirigées contre lui. Tant que la monarchie a duré, tant que la

peine de mort en matière politique a été maintenue dans nos codes, M. Chegaray n'a jamais songé à intenter une action en diffamation contre les auteurs des écrits où M. de Feuillide a puisé ses renseignements. Pourquoi a-t il eu si peu souci de son honneur comme fonctionnaire, jusqu'au jour où la République a renversé l'échafaud politique?

M. de Feuillide ne pouvait point supposer que ce fût par un calcul ambitieux ; il ne pouvait point supposer que M. Chegaray eût sacrifié son honneur à son ambition ; qu'il eût souffert, sans mot dire, les attaques dirigées contre lui pendant douze ans, afin de pouvoir dire au gouvernement : « Voyez comme « l'opposition me traite, je vous ai sacrifié ma considération, « vous me devez un dédommagement. »

M. de Feuillide n'a pas fait cette supposition injurieuse ; il a dû croire naturellement que le silence gardé pendant quatorze ans par M. Chegaray, était un aveu tacite des faits qu'on lui avait imputés. Sa bonne foi a donc été parfaite

Me Barthe a fait ensuite un chaleureux appel à la conscience de M. Chegaray. Il lui a demandé si, dans son for intérieur, il pourrait trouver juste qu'on punît M. de Feuillide pour les écrits qui n'étaient pas les siens. La *Sentinelle des Pyrénées* vous avait diffamé en 1837, donc il faut en punir M. de Feuillide en 1849! M. Pagnerre vous avait diffamé dans ses biographies de 1839, donc il faut en punir M. de Feuillide en 1849! M. Louis Blanc, en 1843, vous avait diffamé dans son *Histoire de dix ans*, donc il faut en punir M. de Feuillide en 1849! Serait-ce là de la justice ?

Nous regrettons de ne pouvoir donner en entier cette partie de la discussion qui a produit une vive émotion sur l'auditoire, et à la suite de laquelle des applaudissements frénétiques ont éclaté dans toutes les parties de la salle.

Me Barthe a continué ainsi sa plaidoirie :

En reprochant à M. Chegaray son opinion en faveur de la peine de mort en matière politique, M. de Feuillide n'a pas fait seulement un acte légitime, irréprochable : il a fait encore un acte louable, il a accompli un devoir.

La révolution de février a renversé l'échafaud politique : l'Assemblée constituante a consacré le décret du gouvernement provisoire ; elle a proclamé, dans le pacte national, que la peine de mort en matière politique était désormais abolie. Comment! M. Chegaray, ancien député ministériel sous Louis-Philippe, se présente comme candidat républicain pour aller soutenir et développer les principes posés dans la Constitution, et vous ne voulez pas qu'un journal puisse lui dire : « Nous doutons de votre amour pour la République, car, autrefois, vous vouliez combattre les républicains avec l'échafaud ; nous dou-

lons de votre dévouement à la Constitution , car vous avez énergiquement manifesté une opinion que la Constitution repousse
et condamne. »

Me Barthe , dans une chaleureuse digression , stigmatise la
peine de mort en matière politique et rappelle les pertes dou-
loureuses qu'elle a déjà coûtées à la France. Puis il continue :

MM. les jurés, comprenez bien nos libertés républicaines.
Nous ne pouvons plus dire comme autrefois : C'est au gouvernement à nous sauver, c'est au gouvernement à veiller sur
nous. Aujourd'hui le gouvernement, c'est le pays ; il doit se
sauver et faire ses affaires lui-même. Il faut donc de toute nécessité avoir des journaux qui discutent avec courage et avec
indépendance les titres des candidats qui aspirent à l'honneur
de vous représenter. Il faut des journaux qui puissent vous
dire : «Voilà les actes de tel candidat qui doivent inspirer votre
confiance , voilà les antécédents de tel autre qui doivent éveil-
ler votre défiance. »

Ah! lorsque sous l'apparence d'un intérêt public, un écrivain assouvit une haine privée et a recours à l'arme empoi-
sonnée de la calomnie, frappez-le sans ménagements. Mais ici,
ce n'est pas le cas ; M. de Feuillide ne connaissait même pas
M. Chegaray ; il ne le connaissait, ainsi qu'il vous l'a dit, que
par le *Moniteur*. Il n'a fait que lui reprocher avec vivacité,
c'est vrai, mais avec bonne foi et vérité, une opinion détestable, une opinion qui est en contradiction formelle avec la
Constitution.

Vous ne pourrez donc pas le condamner. J'ai confiance dans
votre patriotisme et dans votre justice. Une condamnation
pour le fait qui vous est déféré, serait une faute grave, serait
un acte funeste.

Le journal l'*Eclaireur* a déjà rendu des services à notre
département, et lui en rendra encore de considérables. Ce
n'est pas un journal de parti, mais un journal de principes.
Il a combattu avec chaleur et avec talent, les doctrines sub-
versives de la démagogie ; mais il a repoussé avec autant de
fermeté, et c'est là le crime qu'on lui reproche, les tendances
rétrogrades de certaines factions. Le journal l'*Eclaireur* a eu
la sagesse d'ouvrir à l'opinion publique une voie sûre, vraiment féconde, vraiment nationale, entre deux écueils, entre
deux partis extrêmes. L'avenir, le salut, la prospérité du pays
ne se trouvent que dans cette ligne, à la fois ferme et modérée, repoussant toutes les exagérations, se tenant à une égale
distance des deux partis révolutionnaires qu'on appelle le
parti rouge et le parti blanc , voulant consolider et faire
prospérer nos institutions et épargner à la France de nouvelles convulsions.

Sachez donc, Messieurs, protéger les journaux qui se font les organes, de si grands intérêts Vous prouverez ainsi que vous êtes des hommes de cœur, que vous êtes des citoyens consciencieux, éclairés, indépendants. J'attends, avec une entière confiance, votre verdict.

De vifs applaudissements, aussitôt contenus, répondent au discours de M. Barthe.

DÉFENSE DE L'ÉCLAIREUR DES PYRÉNÉES,

PAR SON RÉDACTEUR, M. C. DE FEUILLIDE.

Réplique.

Messieurs les jurés ,

Avant tout, je remercie Dieu de m'avoir rendu la voix, épuisée dans les fatigues de votre première audience.

J'en ai besoin pour répondre à mon adversaire, à son défenseur, et à M. le procureur général lui-même.... troisième adversaire... que j'attendais peu.

Il m'importe, en effet, que vous n'entriez pas dans la salle de vos délibérations sous l'influence de paroles et d'imputations qui ont fait de moi l'homme que je ne suis pas.

Et d'abord laissez-moi faire justice de la citation qui vient d'être faite de paroles prononcées par moi dans un procès tristement célèbre (1) et dont mon adversaire s'est servi pour mettre en suspicion mes opinions démocratiques Que voulez-vous ? il tient à cela, il y tient... comme si, eût-il prouvé que je n'étais pas républicain en 1847, il aurait prouvé, lui, qu'il n'avait point demandé la peine de mort en 1835.

Une révolution est passée sur ces paroles. N'importe ! je les maintiens ; elles m'honorent.

Si pour être républicain, il faut avoir conspiré dans les rues ou dans les sociétés secrètes contre le gouvernement de mon pays... je ne suis pas républicain.

_____

(1) La France, avait dit à cette époque devant la cour d'assises de la Seine M. de Feuillide ; la France est l'un des pays du monde où l'on emmanche le plus facilement dans un mot, une torche, un poignard et jusqu'à des arrêts de cour de justice.

Dans un temps de famine, un homme passe, on crie à l'accapareur! et la foule le tue. Dans un temps de choléra, on crie à l'empoisonneur sur l'homme qui passe, et la foule l'assomme. _De nos jours, à tort ou à raison, l'on crie_ A LA CORRUPTION! À L'IMMORALITÉ! _et on fait monter ces accusations jusqu'à des hommes en qui la probité fait partie du génie, jusqu'au Sinaï même que notre constitution rend inaccessible et que les vertus qui l'habitent devraient rendre plus inviolable encore._

6

Si pour être républicain, il faut avoir poursuivi et déshonoré par l'injure, la diffamation et la calomnie les hommes placés à la tête du gouvernement de mon pays, et que la constitution de mon pays ordonnait de respecter... je ne suis pas républicain.

Si pour être républicain, il faut n'avoir pas tenu en dehors des luttes des partis les enfants et les femmes, et n'avoir pas séparé les actes de la vie privée des actes de la vie politique, pour tout confondre, tout abîmer dans une haine aveugle... je ne suis pas républicain.

Si pour être républicain, il faut insulter quand ils ont été à terre ceux que la colère du peuple a renversés ; s'il faut avoir lâchement souffleté ceux qui se traînent dans le malheur et dans l'exil, sous les coups de la foudre dont Dieu les a frappés... non, non, je ne suis pas républicain. Là où Dieu a mis la main, l'homme n'a pas la droit de mettre la sienne.

Or, moi, j'ai vu passer deux révolutions ; j'ai assisté à la chute de deux dynasties ; j'y ai fait ma part de besogne. Mais, je le confesse, après ces révolutions, après ces chutes, je n'ai eu ni une injure, ni même une personnalité blessante pour ces couronnes broyées sous les pavés... pour ces races déchues qui passaient, pour fuir, d'un palais dans un cabriolet de place, sans linge, sans argent, sans serviteurs, sans aucun des courtisans et des séides, qui, après les avoir exploitées, leur laissaient prendre seules le chemin de l'exil, où pourtant leur cupidité, leurs fautes et leur monopole les avaient poussées.

Mais si pour être républicain, il faut porter en soi l'amour ardent du peuple et de ses droits, les instincts généreux de l'honneur et de la prospérité de la patrie, l'intelligence des progrès de la civilisation, la volonté ferme de les faire aboutir par toutes les voies pacifiques dont l'exercice nous est garanti par la Constitution de la France ; s'il faut surtout, en tout temps, sous les divers régimes qu'un homme de mon âge a traversés, s'il faut avoir vaillamment combattu pour les droits sacrés de l'humanité et de l'éternelle justice... oh ! oui, oui, je suis républicain.

Car ce n'est pas d'aujourd'hui, Monsieur, que je dis anathème aux légistes qui font, avec appointements, le métier de pourvoyeurs de l'échafaud. Je n'ai pas attendu que vous et vos pareils vous fussiez à terre, pour flageller avec ma verve de pamphlétaire, les sophistes qui s'en vont par les cours de justice politique proclamer la légitimité de la peine de mort.

En 1841, à l'époque du procès Dupoty, de ce monstrueux procès où fut inventée l'accusation inconnue jusque-là de la complicité morale, voici en quels termes j'attaquai un homme, plus grand et plus fort que vous ne l'avez jamais été aux jours

de votre plus haute fortune politique. C'était M. Hébert, procureur-général près la cour des pairs, exerçant en ce moment-là
devant la pairie constituée en cour de justice.

Ces paroles brûlantes, je les écrivis le soir, à minuit, sur le
coin d'une table d'imprimerie. On les composait à mesure
qu'elles tombaient de ma plume ; et le lendemain, dans le
PAMPHLET, que je rédigeais et dont j'avais fait suspendre le tirage pour les y ajouter en *post-scriptum*, elles s'en allèrent
porter dans toutes les consciences le cri de l'indignation publique dont elles étaient l'écho.

POST-SCRIPTUM.

« 9 décembre, minuit.

« Je sors de la cour des pairs.

« J'ai entendu un réquisitoire.

« Laubardemont, Laffemas, Fouquier-Thinville, Bélart,
Marchangy, M⁰ Jean de Bröe, Mangin, Persil, réquisiteurs fameux, enterrés morts ou vivants dans vos linceuls, dans vos
robes rouges, ou sur vos chaises plus ou moins curules, le
long de la route qui aboutit au redressement de l'échafaud
politique ;

« Vous pensiez qu'il n'était plus un pouce de terrain où l'on
pût mettre le pied, ailleurs que sur vos traces, dans cette
route que vous avez pavée de vos paradoxes, de vos folies, de
votre bile, de votre colère, de vos ambitions, de vos dévoue-
ments et de vos appétits!

« Eh bien! mes maîtres, vous êtes vaincus.

« De pauvres clercs que vous avez été. D'un bond, le réquisitoire du Milieu dynastique vous a dépassés. Vous avez volé
votre réputation.

« Venez donc ça un peu, vaniteux, qu'on vous prouve que vous
n'avez été que des niais et des poltrons, et qu'en vérité vous
êtes ridicules avec vos grandes prétentions à la création d'une
lourde besogne pour votre acolyte M. le bourreau.

« Voyons, vous avez trouvé vous autres que la complicité ne
pouvait être que plus ou moins matérielle ; et avec cela vous
avez assez largement travaillé!

« Eh bien! le réquisitoire dynastique, lui, outre la complicité
des bras et des actes qui préparent ou consomment, a trouvé *la
complicité de l'intelligence*,

« LA CONSPIRATION DE LA PENSÉE.

« O Hébert! infatigable réquisiteur du club des Jacobins, digne pourvoyeur du bon M Chaumette, le procureur de la commune de Paris,

« Vous tous, membres de l'épouvantable comité de Salut pu-

blic, vous avez traqué, dénoncé, et poussé bien des conspira-
teurs et des ci-devant à la guillotine ; mais vous n'aviez jamais
songé à donner à la pensée un corps pour la raccourcir.

Ce que tu n'as pas trouvé, bonhomme Hébert, ton homo-
nyme vient d'en faire l'exhibition en pleine Cour de Salut dynastique.

Illustres procureurs de la Commune, vous vous contentiez de
ce que vous trouviez dans les lois... et jamais il ne vous est
venu à l'esprit de dire :

« *Cette complicité est écrite dans la loi ; mais alors qu'elle
ne s'y trouverait pas elle est dans son esprit ; il faudrait
la prononcer.* »

N'admirez-vous pas, Messieurs les jurés, quel même esprit a
animé tous les parquets de la monarchie de juillet ? et comme
cette phrase sur la *complicité écrite dans la lci*, prononcée
par le procureur de la cour des pairs de 1841, est le calque fidèle de la phrase célèbre de la peine de mort *légitimement
écrite dans nos codes,* prononcée par le procureur de la cour
des pairs de 1835 !

Je continue la citation ; elle est instructive pour vous, Monsieur :

« Laubardemont, Thinville, Marchangy, comment êtes-vous
morts ?

« Laubardemont ! le souvenir de Cinq-Mars et du jeune
de Thou, vous a fait, dit-on, passer à votre tour un *bien vilain quart d'heure...* et cela s'appelle remords.

« Fouquier Thinville ! en sortant de chez Marat, le soir où
il avait encore demandé un supplément de cent mille têtes,
vous passâtes les ponts... et vous crûtes *voir la Seine en sang,*
c'est vous-même qui l'avez dit... cela s'appelle aussi remords.

« Et vous, Marchangy, homme d'imagination et de poésie
qui, par ambition et maladie néfrétique, avez fait du réquisitoire un moule à romans dans le goût d'Anne Radcliffe... n'a-
vez-vous point vu passer dans leur uniforme, au chevet de votre lit, où le sang vous sortait par les pores, ces quatre braves
et sympathiques jeunes sergents de La Rochelle, morts entre
les inflexibles étaux de votre logique échevelée et la poltronne-
rie des grands tenants du carbonarisme ? Vous avez trouvé
alors, n'est-ce pas, que la royauté avait été bien cruelle de
donner ainsi aux personnages de vos romans toute la réalité
d'une lamentable histoire ? Cela est toujours appelé remords.

« Eh bien ! tous, tant que vous êtes, de quelque caractère
qu'on vous ait gratifiés, vous aviez encore de l'émotion, de la
chaleur dans l'âme... vous aviez encore des entrailles. Tout
l'homme, tout le chrétien n'étaient pas morts en vous, puisqu'il

il y avait encore place pour le repentir, cette grande réhabilitation devant Dieu.

« Vous n'étiez donc point de véritables machines à réquisitoire, machines sans cœur, machines à crier, machines à broyer tout ce que le maître, les vœux, les besoins, les terreurs du maître jettent dans les engrenages de leur lourde et cassante phraséologie.

« Mais la véritable machine que vous avez cherchée en vain, vous, cardinal de Richelieu, qui aviez pourtant votre robe rouge de prêtre pour cacher les entailles du couperet de Laubardemont ;

« Vous, comité de Salut public, qui étouffiez le doute même sur l'inévitabilité de votre œuvre, dans les cris de liberté, d'égalité et de patrie, — ces trois grands éléments du fanatisme après Dieu ;

« Vous, Restauration, qui aviez cependant pour excuse la réédification de l'autel et du trône, dont la chute semblait à quelques-uns avoir été la cause d'un quart de siècle de misères, de spoliations et d'anarchie ;

« Eh bien ! notre Milieu l'a trouvée, lui, cette bienheureuse machine, après une foule d'essais et d'expériences, »—(dont vous, M. Chegaray, vous aviez fait partie) »—et hier en fonctionnant, en broyant tout ce qui lui était jeté, elle a déclaré qu'elle fonctionnait telle quelle, *sans repentir ! car jamais* a-t-elle ajouté, *nous n'éprouvons ce sentiment.* »

Voilà, Monsieur, ce que j'écrivais en 1841 de M. Hébert le procureur général, votre successeur devant la cour des pairs. Et en 1841 M. Hébert ne me fit point de procès, pas plus que vous n'en fîtes en 1837, 1839 et 1843, aux livres, journaux et biographies qui vous traitaient de la même manière. Mais peut-être m'en ferait-il un aujourd'hui... comme vous, si j'écrivais aujourd'hui ces mêmes lignes.

Après avoir cité ce que j'écrivais des réquisiteurs de l'échafaud, laissez-moi, Messieurs, compléter mon opinion sur cette matière, par la citation de ce que j'écrivais le même jour, dans le même pamphlet, sur la peine de mort elle-même ; il y a quelque chose de prophétique. Je vous demande pardon, Messieurs, de vous entretenir ainsi de moi et de mes livres, mais en vérité puisqu'on m'attaque par mes écrits, il faut bien que mes écrits me défendent :

« De tout ce qui se passe depuis un demi-siècle, il résulte donc ceci :

« Les Conventionnels du Salut public disaient : la République ou la mort.

« Les *Ultra* de la Restauration ont dit : Les Bourbons ou la mort.

« Les Conservateurs, depuis dix ans, disent : Les d'Orléans ou la mort.

« Les Communistes se préparent à dire : L'égalité en tout ou la mort.

« Les Conventionnels, les *Ultra* croyaient avoir raison.

« Or voilà qu'aujourd'hui tout le monde pense et dit : que les Conventionnels ont eu tort, que les *Ultra* ont eu tort, et la plupart de ceux-ci en conviennent.

« Les Conservateurs depuis dix ans croient avoir raison.

« Les Communistes, certainement, pensent avoir raison aussi.

« Demain, — je dis demain comme je dirais dans six mois, dans six ans, le temps ne fait rien à l'affaire, — tout le monde ne trouvera t-il pas aussi que les Conservateurs auront eu tort, que les Communistes auront eu tort ?

« Depuis un demi siècle, donc, le corps social et politique est étranglé entre les étaux de ces divers dilemmes; on lui demande seulement de temps en temps lequel lui va le mieux.

« En ce qui me concerne, ce m'est tout un.

« Je me soucie bien que les prémices de ces dilemmes soient différents; puisque la conclusion de chacun d'eux est exactement la même, et se traduit par ce mot unique : la MORT.

« Entre M. de Robespierre qui m'eût fait décapiter au nom de la République une et indivisible ; et M. le comte de Maistre, par exemple, qui m'eût fait monter sur un bûcher au nom de l'unité et de l'indivisibilité de la foi ;

« Entre M. le procureur général Marchangy, requérant en matière politique contre Bories et ses compagnons, la peine de mort, au nom de la monarchie de la Restauration ; et M. le procureur général Hébert requérant en pareille matière, contre M. Dupoty, la peine de mort, au nom de la monarchie du 7 août... où est la différence, je vous prie ?

« Franchement je n'en vois pas.

« Entre tous ces dilemmes, il n'y a tout juste que l'espace nécessaire pour élever la chose sur laquelle on la bâtit et qui leur sert de conjonction. Et cette chose... c'est l'ÉCHAFAUD.

« Depuis cinquante ans que ces dilemmes se guerroient et se décapitent les uns les autres, qu'est-ce que leur mise en œuvre a donné à la société de bien-être et de progrès moral et matériel ? »

Vous le voyez, Monsieur, voilà longtemps que, républicain ou non, j'ai acquis le droit de dire de vous et de vos pareils, poursuivants à outrance du redressement de l'échafaud politique, et souteneurs appointés de la légitimité de la peine de mort : « Vous êtes restés dans ma mémoire comme une haine et un mépris vivant ! »

Mais ce droit, vous me le déniez; votre défenseur me le dénie,

et M. le procureur général me le dénie après vous ; car, dites-
vous tous les trois ensemble, je n'ai point prouvé que vous eussiez requis, en 1835, la peine de mort contre les insurgés
de Lyon en 1834.

Et tous les trois ensemble vous vous écriez : «Voici des preuves ; condamnez-le, il a diffamé. »

J'ai diffamé! Vous avez des preuves! Voyons donc : en reve-
nant sur les miennes, je ferai justice des vôtres.

II.

Messieurs,

Pour arriver plus sûrement à vos esprits et à vos consciences,
M. le procureur général s'est montré à vous comme parfaitement désintéressé dans cette cause. Comme vous, a-t-il dit, il
ne la connaît que par les débats de l'audience ; comme vous
il n'avait pas, il ne pouvait pas avoir de parti pris ; comme
les vôtres ses convictions à lui se sont formées en entendant la
plaidoirie de mon adversaire et ma défense ; alors, avec une
familiarité habile et qui témoigne des bonnes relations qui existent entre tous les dignes habitants de ces contrées, il s'est,
autant qu'il était en lui, dépouillé de son caractère de magistrat, poursuivant au nom de la loi, pour revêtir votre caractère de juré ; il s'est dit un des vôtres ; et par une fiction non
moins habile, il s'est glissé à votre banc et vous a devancés
dans la salle de vos délibérations pour y délibérer avec vous.

Que M. le procureur général me permette, ou de ne pas l'y
laisser entrer sans moi, ou de ne le prendre que pour ce qu'il
est en réalité, et de ne pas l'accepter au titre et dans le rôle
qu'il a bien voulu se donner.

Vous, Messieurs, vous siégez sur vos bancs, comme jurés, en
vertu de votre propre droit.

Lui ne siége sur son banc que comme procureur-général,
en vertu du droit qui lui a été délégué, comme il peut lui être
retiré, par le chef du gouvernement.

Vous, Messieurs, vous ne vous récusez pas les uns les autres ; lui, Messieurs... a droit de récusation contre vous... et il
en a largement usé.

Vous, Messieurs, après que le sort vous a choisis, j'ai encore le droit de choisir dans vos rangs ;.. et le procureur général ?..... l'accusé ne le choisit pas, il le subit.

Quand vous entrez dans la salle de vos délibérations, nul
ne sait rien de vos convictions ni de vos pensées ; et M. le
procureur général nous a hautement fait connaître les siennes.
Elles sont contre moi.

Enfin, Messieurs, dans la salle de vos délibérations, avant

de prononcer, vous pesez dans vos consciences la défense et
l'accusation ; vous remettez devant vos yeux les pièces du procès qui incriminent et qui innocentent ; et M. le procureur général n'a appuyé que sur le plateau des balances de la justice
où il avait mis les pièces de mon adversaire et les paroles de
son défenseur, laissant l'autre plateau vide des miennes.

Non, en vérité ; je n'accepte pas M. le procureur général
pour supplément au jury ; non, je ne le laisse point entrer sans
moi, même sous forme de figure de rhétorique, dans la chambre de vos délibérations ; ou tout au moins, je vais délibérer
avec vous et avec lui.

Je n'ai rien à redire, Messieurs, à la distinction qu'il a établie pour vous faire comprendre, — puisque ce procès est nouveau dans ce pays, — la différence qui existe entre la diffamation contre la vie privée, et la diffamation contre la vie publique. L'une, ne pouvant pas fournir ses preuves, est toujours
un délit punissable et puni par les lois. L'autre, si la preuve
est faite, — la preuve étant admise, — non-seulement n'est plus
un délit, mais elle peut recevoir des circonstances le caractère
d'un droit exercé, d'un devoir rempli. Oui cela est exact.

Mais alors, que M. le procureur général me permette de le
lui dire : comment avec une connaissance si exacte du double
caractère de la diffamation, a-t-il pu se laisser entraîner à
la monstrueuse contradiction dans laquelle il est tombé?

Selon lui, je n'ai pu diffamer l'homme public, le magistrat
politique, sans que la diffamation ait porté aussi sur l'homme
privé. En sorte qu'innocent de la diffamation envers le procureur du roi de Lyon en 1834, je serais, malgré cette innocence,
garrotté dans la culpabilité d'une diffamation envers M. Chegaray simple citoyen.

Mais c'est donc la loi qui m'a tendu un piége! Quoi! la loi
dispose que la diffamation, en matière publique, ira devant le
jury en cour d'assises ; la loi dispose qu'en matière privée, la
diffamation ira devant le tribunal de police correctionnelle ;
dans le premier cas je peux faire la preuve, je ne le peux pas
dans le second. Or, d'après la théorie étrange de M. le procureur général, voici ce qui m'arriverait: J'ai diffamé en matière
publique, je suis devant vous, j'apporte les preuves ; vous les
trouvez valables, la cour d'assises doit m'absoudre. Eh bien!
non, je n'en suis pas quitte.

M. le procureur général prétend que ma diffamation ayant
forcément atteint l'homme privé à travers l'homme public,
l'homme privé contre lequel la preuve n'est pas admise, je n'en
suis pas moins coupable, je n'en dois pas moins être puni ; et
mêlant les deux juridictions, le droit de la preuve et l'inter-
diction de la preuve, il me fait retomber de la cour d'assises

en simple police correctionnelle. Je lui échappe pour avoir diffamé le magistrat, et sans que j'aie dit un mot du citoyen, il me retient pour avoir diffamé le citoyen ! Que devient donc la distinction qu'avec tant de savoir et de sens il a établi devant vous ? Elle a disparu. Que devient la différence de juridiction établie pour la diffamation selon qu'elle est publique ou privée ? Elle n'existe plus. La loi n'est plus qu'un traquenard qui me rattrape par le pied droit quand j'ai dégagé le pied gauche.

Pour l'honneur de mon pays, pour le respect qui est dû à la loi, pour l'autorité même de vos attributions, Messieurs les jurés, pour celles de la cour, il est impossible qu'il en soit ainsi; et Dieu merci ! il n'en est pas ainsi. Des sophismes, si habilement tissés qu'ils soient, ne changent pas la loi et le droit.

D'ailleurs, Messieurs, il n'est pas plus vrai en morale qu'en légalité, que l'homme public et l'homme privé soient tellement indivisibles, que ce qui est dit contre la considération de l'un porte inévitablement atteinte à la considération de l'autre.

L'histoire de tous les temps, et surtout du nôtre, fourmille de preuves sur ce point.

Montaigne disait du marquis de Pibrac, le célèbre auteur des quatrains, qu'il était spirituel, jovial, de manières galantes; mais, ajoutait-il, il a écrit l'éloge de la Saint-Barthélemy. Vous voyez bien que Montaigne séparait les actes de la vie et la pensée privées, des actes de la vie et de la pensée publiques. Frappé de déconsidération comme historien, Pibrac n'en était pas moins considéré par Montaigne pour son esprit et la courtoisie de ses manières.

Cherchons dans les temps modernes, dans cette terrible époque révolutionnaire dont la fournaise a dévoré tant de renommées. Dites, quel nom voulez-vous ? parmi les noms les plus terribles, Danton, Camille Desmoulin, Robespierre ?

Eh bien ! est-ce que l'histoire et la chronique, la chronique et l'histoire même qui leur ont été les plus implacables, n'ont pas fait deux hommes de chacun de ces hommes ? Est-ce qu'elles n'ont pas séparé en eux leur double nature ? Est-ce que même ces natures, si diverses dans leur dualité, n'ont pas exercé la critique de tous les moralistes, de tous les hommes qui ont fouillé au vif la physiologie des passions et du cœur ?

Ce que l'histoire a dit de ce Titan révolutionnaire qui s'appelait Danton, ne s'applique pas à Danton si heureux, si aimant parmi les fleurs de son jardin, au sein de sa famille.

Qui, dans l'ardent et chaste amour de Camille Desmoulin pour sa jeune et belle femme, pour son adorée Lucile, n'a trouvé comme un baptême d'innocence pour le sarcastique et parfois cruel rédacteur du *Vieux cordelier*, forcé par sa cons-

cience, en entendant la condamnation des Girondins, de s'écrier :
« Ah ! malheureux, c'est moi qui les ai tués. »

Robespierre ! Robespierre lui-même, le logicien inflexible de
la peine de mort , l'âme de cette terrible machine à décreter
d'exil et de confiscation qui s'est appellé le comité de Salut
public; Robespierre qu'on serait tenté d'appeler l'homme-écha-
faud, tant il avait fait de l'échafaud la pierre angulaire de sa
domination; Robespierre , qui est resté dans l'histoire comme
le type des régénérateurs de la société par le sang; Robespierre
quoi qu'on fasse , quoi qu'on dise , après l'avoir traîné comme
homme politique sur la claie qui a servi à toutes les réactions
anti-révolutionnaires, pour le conduire aux gémonies..., il faut
bien s'arrêter au seuil de sa vie privée ! il faut bien , non pas
rendre hommage, ce serait trop peut-être, mais porter témoignage à son intégrité, à son incorruptibilité, sa vertu suprême
dans ce temps où presque tout homme qui avait du sang aux
mains y avait aussi de la boue.

Vous le voyez bien ; après avoir fait à chacun de ces formi-
dables révolutionnaires la part même exagérée qu'on leur
attribue dans les saturnales politiques de notre liberté, il reste
à chacun d'eux, même dans l'histoire, les qualités et les vertus
qui, dans la vie privée , faisaient leur honneur ou leur joie et
celle de leur famille et de leurs amis.

Eh bien ! Messieurs, malgré tout ce que j'ai dit du procureur
du roi de Lyon et du procureur général devant la cour des
pairs, il lui restera comme homme les qualités, les vertus que
ses parents , ses amis peuvent lui trouver, que je ne connais
pas et que je ne lui ai point contestées.

Que vous dirai-je encore sur ce point, Messieurs !

M. le procureur général a beaucoup insisté sur les atteintes
que j'avais portées, — sans distinction, — à la considération
de M. Chegaray.

Ceci est bien vague, Messieurs ; de quelle considération s'a-
git-il ?

De la considération comme magistrat ? sans aucun doute, je
ne le nie pas. Mais si je prouve que j'ai dit vrai , j'ai bien fait :
tant pis pour le magistrat !

S'agit-il de la considération comme homme privé... oh ! je
m'en défends ; M. Chegaray aurait été toute sa vie simplement
M. Chegaray, au lieu d'avoir été procureur du roi et avocat
général, que je n'en eusse rien dit, et que ce que j'en ai dit n'aurait rien signifié du tout. N'ayant donc pas attaqué en lui
l'homme privé, je n'ai pas porté atteinte à sa considération privée.

S'agit-il de la considération politique ? Oh mon Dieu ! Messieurs, pour celle-ci, c'est selon ; elle est ce qu'on la veut, ce qu'on l'entend.

En politique chacun de nous a sa bonne et sa mauvaise réputation. Selon les temps, selon les partis, selon les intérêts, Ce qui est pour nous, ici, un titre d'estime et de sympathie, est contre nous, ailleurs, un titre de mépris et de haine.

Ainsi, par exemple, ce que j'ai dit de M. Chegaray, loin de lui rien faire perdre dans son parti, dans le parti réactionnaire, ne fera que redoubler la considération dont il y jouit. Il s'y posera en victime, on y pansera ses blessures, on y versera sur elles du baume et des consolations ; on l'emmaillotera de louanges, on le couronnera de fleurs et de bulletins.

Quant au parti démocratique, au parti républicain... ah ! ma ma foi, je vous affirme que le procureur du roi de Lyon, l'avocat général de la conr des pairs n'a pas plus de considération à y perdre, qu'il n'en aurait à y gagner. Depuis 1834 et 1835 son affaire y est définitivement réglée. Dans la conscience des démocrates comme dans la mienne, « il est resté et restera toujours comme une haine et un mépris vivants. »

Il est donc bien démontré, Messieurs, qu'en justice comme en morale, devant la loi comme devant l'opinion, tout en écrasant la vie et la considération du magistrat politique, j'ai laissé intactes la vie et la considération privée du citoyen.

III.

— Mais, a dit le ministère public, M. de Feuillide n'a point fait la preuve de l'implacabilité sinistre qu'il avait reprochée au procureur du roi de Lyon dans les troubles désolés de la patrie en 1834 ; il n'a point fait la preuve du fonctionnement de l'échafaud politique qu'il reproche à l'avocat général de la cour des pairs d'avoir poursuivi à outrance en 1835. »

— Je n'ai point fait les preuves, M. le procureur général ? mais en vérité qu'en savez vous ? Laquelle de ces preuves avez-vous recherchée au *Moniteur* où je les ai prises ? Pas une. Laquelle avez-vous discutée, combattue, écartée, réduite à néant dans votre réquisitoire ? Pas une. A quels documents avez vous eu recours pour en conclure que je restais sous le coup d'une diffamation calomnieuse ? Uniquement à cet in-4º rouge qui est là sur votre table, dont communication vous a été donnée par M. Chegaray, et qui ne renferme que les pièces officielles émanées de l'instruction devant la cour des pairs. Vous avez agi, et cela m'étonne, comme si nous étions au lendemain de ce procès monstrueux où les plus simples garanties de la justice furent outrageusement violées ; comme si ces documents n'avaient pas subi les dénégations des accusés, la contre-preuve des témoignages oraux, les justes flétrissures des défenseurs, et, en bien des occasions, les murmures de la cour des pairs elle-même. Pour vous comme pour M. Chegaray, le roman de l'instruction et des réquisitoires est encore la seule histoire à consulter pour les événements et le procès de Lyon, ni plus ni moins que si le temps et la révolution qu'il a amenée n'était point passés là dessus. Le procureur général de la République a parlé, après douze ans, comme avant février 1848 aurait parlé un procureur général de la monarchie.

Que les 45 audiences du *Moniteur* aient effrayé la patience du ministère public, et qu'avec découragement il en ait détourné ses yeux et sa main... son intérêt n'était pas le mien. Je comprends qu'à la rigueur l'intérêt de la vérité, s'il n'est pas combiné avec un intérêt personnel, ne puisse suffire à soutenir un homme dans des fouilles aussi rudes. Je comprends aussi que dans le triage et l'exhibition que j'en ai faits, ces preuves, aux yeux du ministère public, soient entachées de ce caractère de partialité égoïste qui s'appelle aux palais les besoins de la cause.

Mais l'*Histoire de Dix ans*? cette histoire écrite en 1843, non plus pour servir ma cause, qui n'était pas née, mais pour servir la cause de l'histoire, de la vérité et de la justice? Mais l'*Histoire de Dix ans*, que M. le procureur général m'a fait l'honneur d'envoyer prendre chez moi, — pour la consulter sans doute, — comment se fait-il qu'il n'y ait point trouvé ce que tout le monde y a trouvé? Cette phrase accablante que j'ai citée, que mon honorable et éloquent défenseur a citée à votre audience, comment se fait-il qu'il l'ait, lui, passée sous silence? qu'il n'y ait pas trouvé au moins ces commencements de preuves que j'ai complétées, et qui ont été comme le sommaire de ma défense, ou plutôt de l'accusation que j'ai maintenue contre l'ancien procureur du roi de Lyon?

En mettant la main sur toutes les sources où il n'y avait qu'à frapper pour faire jaillir les preuves, il est facile de dire : « Les preuves n'existent pas! » Mais fermer une source, ce n'est point la tarir. Et vous l'allez voir; je vais la frapper du pied et les preuves vont vous apparaître aujourd'hui, comme elles vous sont apparues hier, à la voix si logique de mon défenseur, et avant-hier à la mienne.

Ah! je n'ai point prouvé que le procureur du roi de Lyon avait été, avant l'insurrection, l'instrument de l'implacable volonté du pouvoir dans Lyon, à qui il fallait une émeute à tout prix, pour écraser à la fois par le canon la société industrielle des *Mutuellistes* et la société politique des *Droits de l'Homme*?

Ah! je n'ai point prouvé que, pendant l'insurrection, le pro-

cureur du roi de Lyon avait été le complice de l'infâme agent
de police Picot et le promoteur de la mise en liberté de cet
homme?

Ah ! je n'ai point prouvé qu'après l'insurrection, le procureur
du roi de Lyon s'était rendu coupable d'un odieux déni de
justice, en laissant impunis les seize assassinats commis après
la victoire dans le faubourg de Vaize ?

Ah ! je n'ai pas prouvé qu'en proclamant la légitimité de la
peine de mort, alors que la cour des pairs n'en voulait pas,
alors que , suivant le ministère public, le chef de l'Etat lui-
même l'avait en horreur, l'avocat général de la cour des pairs
avait demandé le fonctionnement à outrance de l'échafaud
politique?

Ah ! sur tout cela , dans ma première défense , je me
suis borné à avancer audacieusement des faits, j'ai voulu qu'on
me crût sur parole ? mais , des preuves , je n'en ai point fait ;
je me contentais le plus souvent de promettre que je vous les
transmettrais dans la chambre de vos délibérations ?

Eh bien ! je n'attendrai pas jusque-là. Puisqu'on a tiré
parti contre moi des ménagements de patience et de temps
que , par déférence pour le jury et pour la cour, j'avais cru
devoir adopter;... à l'instant même je vais donner à ces preuves la publicité de l'audience. Au-dessous de chacune de mes
accusations , je vais mettre les faits que le *Moniteur* me four-
nit pour les justifier.

(Ici M. le président de la cour interrompt M. de Feuillide.
De cette interruption qui amène un court dialogue d'insis-
tance de part et d'autre , il résulte qu'il est inutile que M. de
Feuillide rentre dans les débats de la première audience.)

Soit, reprend M. de Feuillide. J'obéis à l'invitation de la cour ;
mais retenez bien ceci : c'est qu'il n'est pas un seul des faits
avancés par moi qui ne se trouve là, tout au long, dans les nom-
breuses feuilles du *Moniteur* que j'ai classées par ordre pour
pouvoir aller plus vite. C'est que ceux-là seuls qui ne les ont
pas lues, qui se sont refusés ou qui se refuseront à les lire,
pourront dire que c'est moi, et non le *Moniteur*, qui ai diffamé
le procureur du roi de Lyon en 1834 , l'avocat général de la
cour des pairs en 1835. Je vais plus loin : afin d'éviter toute
surprise , toute protestation ultérieure , je le dis hautement à
cette audience : en m'interdisant la lecture des preuves, on re-
connaît implicitement que ces preuves ont été faites... toutes ,
toutes, sans en excepter une seule !

Je passe maintenant aux preuves contraires, ou plutôt à ces
pièces officieuses et de complaisance, écrites et ramassées après
coup, que le défenseur de mon adversaire vous a exhibées, les
croyant de nature et de force à détruire les faits qui , depuis

quatorze ans, sont inscrits au *Moniteur*, et depuis six, sans protestation, dans l'histoire de M. Louis Blanc.

Ces pièces, comptons-les; nous les pèserons ensuite.

D'abord deux lettres à la date de février 1834, l'une de M. Chegaray lui-même, l'autre de son supérieur, M. Duplan, procureur général près la cour de Lyon: et de la même année, date du 19 mars, un extrait du *Moniteur* sur la séance de la chambre des députés.

Ensuite deux lettres émanées, l'une du même procureur général devenu et mort conseiller à la cour de cassation, l'autre de M. le lieutenant général Aymard; ces deux lettres ayant une date trop caractéristique pour être d'une grande autorité, car elles sont postérieures à la révolution de février.

Il y a bien aussi une lettre de M. le baron Pasquier et une sorte d'apostille de M. le procureur général Dupin, mise au frontispice de l'exemplaire d'un réquisitoire envoyé à M. Chegaray; mais ceci ne saurait être sérieux. Il n'est pas d'usage de faire grand fonds sur cet échange courtois de procédés galants et de relations officieuses qui ont cours entre fonctionnaires publics, serviteurs de la même cause. La pierre de touche de ces gentillesses se trouve dans les tours de roue de la fortune qui abaisse ceux qu'elle a élevés. Leur valeur n'est pas la même après la chute que durant l'élévation. Bornons-nous donc à l'examen des pièces plus ou moins sérieuses.

Que prouvent les deux premières lettres signées Chegaray et Duplan, et l'extrait du *Moniteur* qui en forme l'appendice?

Une seule chose, c'est que M. Chegaray aurait voulu poursuivre, en 1834, au moment de la coalition des Mutuellistes, les chefs du pouvoir exécutif de l'association qui avaient ordonné la cessation du travail.

Mais prenez garde! ce n'est point le défaut de poursuites à ce moment qu'on vous reproche, car l'insurrection n'en est point sortie; on peut même dire qu'il eut de l'influence sur la reprise des travaux.

L'insurrection sortit de ces poursuites, faites au contraire au moment même où la coalition avait cessé, où les ouvriers étaient rentrés dans l'ordre, alors qu'on leur infligeait un châtiment au lieu de se montrer reconnaissant. Or, ni ces lettres, ni l'extrait du *Moniteur* ne prouvent que ces poursuites ne furent point le fait de M. Chegaray; au contraire! En prouvant que le procureur du roi de Lyon était pour les poursuites pendant la coalition, elles prouvent que ce fut lui qui, persistant dans son idée, fit après ce qu'il n'avait pu faire avant.

— Mais en cela, dit-il, il n'aurait fait que suivre les ordres de son chef!

— Il convient donc de ces poursuites, qui au caractère d'inopportunité bien plus flagrant quand tout était rentré dans l'ordre, ajoutèrent le caractère odieux d'une provocation à cette funeste prise d'armes qui ensanglanta Lyon pendant six jours !

Quant à ce que le procureur du roi n'aurait fait que suivre les ordres de son chef, outre que ces ordres ne nous sont point mis sous les yeux, il en résulte la confirmation sans réplique de cette accusation de l'*Histoire de Dix ans* qui fait de M. Chegaray la personnification de l'*implacabilité du pouvoir*. Vous n'avez pas besoin d'en savoir davantage, Messieurs, pour m'innocenter d'avoir dit que M. Chegaray avait *joué un rôle d'implacabilité sinistre dans les troubles désolés de la patrie*. Tête qui a conçu, ou bras qui a exécuté, qu'importe ! Si tant est que M. Chegaray ait le droit de prétendre à ce rôle abaissé d'instrument auquel il aspire aujourd'hui, qu'on fasse à l'instrument l'aumône de circonstances atténuantes... et n'en parlons plus !

Mais voici le plus miraculeux, et il faut en vérité une rare.. comment dirais-je pour rester dans les convenances devant la cour et devant vous, Messieurs ?... il faut un rare aplomb pour s'imaginer que dans la responsabilité distributive qui pèse sur tous les promoteurs de la répression sanglante de Lyon en 1834, deux lettres signées Duplan et Aymar peuvent être une autorité respectable, et servir de certificat d'innocence ! Duplan, chef du parquet dont M. Chegaray vous a dit qu'il n'avait été que l'instrument ! Aymar, le lieutenant général, l'obéissance passive, qui chargea la mitraille d'être l'exécuteur des ordres impitoyables d'un *implacable vouloir* !

En toute vérité, Messieurs, à la lecture de ces lettres si sournoisement tenues en réserve pour me foudroyer après coup, alors qu'on pensait que je ne pourrais plus prendre la parole, je me suis demandé si je n'étais pas sous l'obsession d'un rêve.

Sommes-nous bien, mon adversaire et moi, devant une cour de justice criminelle ? Ai-je bien affaire à un homme qui a exercé les fonctions de procureur général ? Comment ! c'est devant un jury, en cour d'assises, qu'un complice produit des certificats d'innocence émanés de ses complices ? c'est un procureur général qui prétend élever à la hauteur d'une autorité irrécusable , le témoignage écrit d'hommes auxquels l'histoire demande le même compte qui lui est demandé ? Bertrand innocente Macaire, Macaire à son tour innocentera Bertrand !

Le procureur général et le mitrailleur de Lyon portent témoignage au procureur du roi, et le procureur du roi portera témoignage au procureur général et au mitrailleur ! Ceci passe les bornes les plus reculées du dédain dans lequel on peut tenir la conscience publique et l'intelligence du jury.

Ah ! Monsieur, dans le temps où vous étiez procureur au

criminel, si quelques hommes, assis sur le banc qui est derrière moi, se fussent permis cette audacieuse bouffonnerie, de quels foudres vengeurs se fût armée votre éloquence! Supposons, devant la cour des pairs, Lagrange invoquant Charrier, Charrier Reverchon, et tous les accusés ensemble vous niant les uns par les autres, comme aujourd'hui vous me niez, moi, par M. Duplan et par M. Aymard, lesquels, par vous, me pourraient au besoin nier à leur tour,... avec quelle superbe ironie vous auriez traité cet échange mutuel de contre-seings!

Ne vous souvient-il donc plus, Monsieur, de l'empressement et de la véhémence que vous mettiez à faire ressortir, devant la cour des pairs, que tel témoin avait été arrêté, que tel autre avait été interrogé comme prévenu, que celui-ci ne devait sa liberté qu'à une décision de la chambre du conseil, celui-là à un arrêt de la chambre des mises en accusation? Pourquoi en agissiez vous ainsi! N'était ce point pour faire connaître le plus ou moins de créance que méritaient leur déposition, le plus ou moins d'intérêt personnel qu'ils avaient à déguiser la vérité?

Et aujourd'hui, parce que c'est vous qui êtes l'accusé, mon accusé à moi, l'accusé de l'opinion publique et de l'histoire, vous voulez que tout cela soit changé? Et ceux qui sont accusés comme vous, accusés par moi, s'il me plaît, accusés par l'opinion publique et par l'histoire, vous voulez qu'ils fassent foi en justice? Vous voulez que la justice s'en remette à leurs déclarations et vous proclame innocent, parce qu'ils vous déclarent innocent, à la charge sans doute par vous de les innocenter à leur tour? Allons donc, Monsieur, vous raillez! vous-même, vous n'y croyez pas... votre défenseur non plus n'y croit pas.

Mais, à tout prendre, que disent donc tant ces lettres complaisantes? Celle de M. Duplan est un factum rédigé en termes vagues, généraux, embarrassés; rien de précis, rien de net, de spécifié; à chaque ligne des réticences ou des sous-entendus. On sent, et c'est tout, qu'il y a là un ennemi commun, qu'on a un intérêt commun à écraser, l'*Histoire de Dix ans* .., et plus que cela, l'opinion publique, vieille et forte des quatorze années qui se sont écoulées depuis 1834, date de la complicité, jusqu'à 1848, date de la protestation!.. Quatorze ans de silence! quatorze ans de tête courbée sous l'anathème.... et qui a gardé le pli!... Savez-vous que c'est lourd à soulever cela! aussi votre complice ne l'a-t il pas plus soulevé pour lui que pour vous..., et moins encore pour lui, si c'est possible; car en voulant vous aider à sortir du puits il s'y est montré lui-même plus enfoncé qu'on ne le croyait. On lui avait fait trop d'honneur. On pensait, on avait écrit qu'il avait été clément;... il revendique sa part d'implacabilité sinistre! soit qu'on la lui donne. Au lieu d'un coupable il y en aura deux.

Il vous couvre de sa responsabilité; je n'y fais pas obstacle.... Après ?

Hélas! la responsabilité par procureur, même général, est encore une de ces fictions que l'opinion n'accepte plus, et qui s'en est allée avec celle de l'irresponsabilité royale. En monarchie constitutionnelle aussi, les ministres couvraient le roi, comme vous voulez que, dans la hiérarchie judiciaire, le procureur-général Duplan couvre le procureur du roi Chegaray. Mais 1830 et 1848, Holyrood et Claremont sont là, pour prouver que, tête ou bras, chacun répond de ses actes. Et en effet, Monsieur, c'est justice. Voyez : M. Duplan a été récompensé de sa conduite par un siége à la cour de cassation ; vous, M. Chegaray, vous avez été récompensé de la vôtre par un siége au parquet de la même cour. Vous ne disiez pas alors au pouvoir, pour repousser la récompense : « Mais prenez garde, je n'ai fait qu'obéir; ne récompensez que M. Duplan ! » Vous n'avez donc pas le droit de dire aujourd'hui, pour repousser votre part de flétrissure : « Je vous livre M. Duplan ; moi je n'ai fait qu'obéir! » Non, Monsieur, non. La flétrissure vous vient au même titre aujourd'hui, que la récompense vous est venue autrefois; seulement la seconde n'a fait que passer : la première est éternelle!

Que vous dirai-je, Messieurs les jurés, de la lettre de M. le lieutenant général Aymard, plus vieille, ou, vu les circonstances, plus jeune en date que celle de M. Duplan ?... Dans quelle conscience, je ne dis pas démocrate, mais française, mais humaine, ce nom ne produit-il pas l'effet du canon qui renverse des murailles et broie des chairs? Malgré soi n'est-on pas tenté de mettre le nom du mitrailleur de Lyon en 1834, presque sur la même ligne, ou peu s'en faut, que le nom du terrible général qui en 93 fit de Lyon le monceau de ruines que, par dérision sans doute, la Convention appela *Commune affranchie?*

Mais enfin, Monsieur, cette lettre, quelle que soit la main qui l'a écrite, que dit-elle ?

Contrairement à ce qu'on lit dans l'*Histoire de Dix ans*, prouve-t-elle que, d'accord avec M. Gasparin, vous ne poussiez pas aux mesures violentes, aux mesures de répression par la baïonnette et le canon ?... Elle déclare tout simplement que vous n'avez pris aucune part à la distribution et au mouvement des troupes sur tel point de Lyon plutôt que sur tel autre? Eh mon Dieu ! je le sais bien. Vous étiez procureur du roi, et non caporal ou adjudant-major ; vous requériez le feu de file et vous ne le commandiez pas.

7

Il fut un temps aussi où, sous la monarchie, dont quelques gens regrettent avec vous la chute, des maîtresses royales poussaient les *tours* et les *cavaliers* de la France sur le terrible échiquier de la guerre. Du fond de leur boudoir, Cotillon 1er, Cotillon II, Cotillon III ordonnaient les siéges et les batailles ; vous, comme ces favorites, du fond de votre fauteuil de procureur du roi, vous avez dit : « Il faut faire le siége des rues de Lyon ! » et le siége a été fait. La responsabilité dont l'histoire charge ces femmes, que le grand Frédéric a flétries du sobriquet qui leur est resté, pèse aussi sur vous.

Voilà donc, Monsieur, tout ce que vos complices ont pu faire et écrire pour vous, après quatorze années de silence de leur part et de la vôtre! Voilà donc ces lettres lues avec un si grand fracas, comme si dans leur date seule, non moins que dans leur signature elles ne portaient pas avec elles leur propre rectification, leur propre annihilation de toute créance, de toute autorité ! Aussi, y avait-il quelque chose de grotesque à entendre votre avocat, après leur lecture, s'écrier de son hoquet dramatique le plus lamentable : —« Voilà de l'histoire, Monsieur ! voilà, Monsieur, ce qu'il fallait consulter avant d'écrire votre article ! car voyez-vous, Monsieur, quand on a la prétention d'écrire l'histoire, il faut tout fouiller, tout consulter, tout lire, tout comparer ; sinon on n'est pas un historien, et on peut n'être qu'un diffamateur ! »

Je l'avoue, Monsieur, dans l'impatience que me causaient ces apostrophes déclamatoires, une pensée colère me traversa l'esprit.

Car enfin, nous ne sommes pas ici, — nous l'avons prouvé de reste, — pour faire assaut de gracieusetés, et pour feuilleter, à l'envi l'un de l'autre, le code de la civilité puérile et honnête... Eh bien ! j'eus un moment l'idée de vous lancer à mon tour cette véhémente apostrophe : Faussaire !

Qu'auriez-vous eu le droit de dire ? qu'eussiez-vous dit ? Où est, en effet, la preuve que ces lettres sont de M. Duplan et du général Aymard ? où est la légalisation de leur signature ? où est le signe auquel leur authenticité peut être reconnue, pour qu'elles vaillent en justice ? M. Duplan est mort, dites-vous. Raison de plus ! puisque son attestation personnelle ne pourrait pas être invoquée, j'avais le droit de nier sa signature. Et vous légiste, vous ancien magistrat, vous savez bien que si je l'avais formellement demandé, avec des conclusions à l'appui, la lecture de ces lettres vous eût été refusée.

Mais, après ce premier mouvement qui me venait de ma nature, j'en éprouvai un autre qui me venait de mon intelligence. Je vous laissai aller... car je vous sentais vous pren-

dre vous-même à votre traquenard. Eh oui , Monsieur, à votre traquenard ; c'est bien le mot. Et le public le comprit
comme moi ; vous l'allez voir.

Il doit vous souvenir qu'au plus fort de la tirade pathétique
de votre avocat sur ma négligence à consulter ces lettres, — qui
ne sont nulle part ailleurs que dans votre dossier, — je m'é-
criai :

« Eh ! Monsieur, je ne pouvais pas aller fouiller dans vos
poches. »

L'immense éclat de rire qui accueillit cette riposte dans l'auditoire me prouva que votre jonglerie y était percée à jour , et
que j'avais bien agi en vous livrant à la raillerie publique au
lieu de vous livrer à son indignation.

C'est, qu'en effet, Monsieur, il y a dans ces lettres quelque
chose qui, plus que leur signature et le défaut de légalisation,
en détruit toute la valeur, non-seulement la valeur judiciaire,
mais la valeur morale ; et ce quelque chose, c'est leur date.

Quoi, Monsieur! ces lettres, durant quatorze ans, vous les
avez laissées dans l'oubli ! Que dis-je ? vous aviez pu vous
les procurer et vous avez négligé de les réclamer de leur auteur ! Quoi ! durant quatorze ans vous vous êtes laissé dire tout
ce qu'on a voulu, tout ce qui a été publié par l'histoire, par
les journaux, par les biographies ! Vous n'aviez, pour prouver
votre innocence, qu'à frapper à l'écritoire de M. Duplan et à
celle de M. Aymard, et vous avez mieux aimé vous courber sous
l'injure des accusations ! et vous voudriez que moi j'eusse fait
ce que vous avez eu je sais bien quel intérêt à ne point faire ?
Votre avocat voudrait que j'eusse consulté des documents qui
n'étaient pas publiés ? car l'un, la lettre de M. Aymard, est pos-
térieure de trois mois à mon article ; et l'autre, celle de M.
Duplan, écrite, — je vous dirai tout à l'heure pour quelle cause, —
trois mois après la révolution de février, est restée enfouie au
fond de votre poche. Convenez que pour aller l'y trouver, il
m'eût fallu être doué de la seconde vue des plus clairvoyants
d'entre les somnambules ! Enfin, Monsieur, pour parler sérieu-
sement, vous et votre avocat vous auriez voulu que je me fusse
montré soigneux de votre honneur, plus que durant quatorze
années vous n'avez eu intérêt à l'être vous même. Pardon,
monsieur, pardon ! mais en ce monde chacun est juge de son
honneur et le met là où il croit seulement pouvoir le mettre.

Or, durant quatorze ans, en monarchie, vous, Monsieur, vous
avez mis le vôtre à faire de votre nom et de vos fonctions de magistrat politique une éponge pour absorber, sans mot dire, tout ce
qui vous a été adressé de cruel, de flétrissant et, si vous voulez
même, d'exagéré ; car vous n'avez pas songé à vous faire écrire
ces lettres ! Et en vérité, je suis de bonne foi, qu'en eussiez-vous

fait en monarchie? elles ne pouvaient que diminuer aux yeux du pouvoir et votre zèle et vos services.

Aujourd'hui, en République, vous mettez votre honneur à vous dire diffamé par les choses même qui, en monarchie, vous valurent vos honneurs ; et vous vous êtes fait écrire les lettres qui le prouvent! Et vous pensez donner le change au public, au jury et à moi?... Non, Monsieur, ce n'est point pour réhabiliter votre honneur que vous avez sollicité et obtenu ces lettres. Pourquoi donc? Je vais vous le dire, moi! j'en ai tellement l'intuition, que je dis comme Royer-Collard : « Je ne le sais pas, mais je l'affirme.

(Ici M. Chegaray se lève et quitte l'audience.)

Vous êtes un ambitieux... un ambitieux que rien ne déconcerte, ni le mépris de l'opinion, ni la clameur des partis, ni la conscience de vos fautes, ni les revirements du pouvoir, ni les coups de tonnerre qui abattent ceux qui vous ont grandi. Chassé de la cour de cassation par la grande porte d'une révolution, vous avez essayé d'y rentrer par la fenêtre de l'intrigue. Tombé avec cette royauté que, pour votre grande part, vous aviez poussée à sa chute, vous avez voulu vous relever sans elle, et au besoin contre elle ; et vous êtes allé gratter à la porte du ministère de la place Vendôme. Un huissier l'a entrebâillée. Devinant ce que vous veniez faire, il a montré du doigt les deux dates que vous aviez au front, et en murmurant ce mot *impossible* qui vous résume aujourd'hui, il a brusquement refermé cette porte qui, avant février, vous était ouverte à deux battants.

M. Chegaray a compris : non pas pour rentrer dans son obscurité, mais pour lutter contre sa condamnation à une impossibilité perpétuelle. Et c'est alors qu'en vue d'un revirement politique quelconque, il est allé demander à son complice du parquet de Lyon cette lettre qui, selon lui, devait le révêtir de la robe d'innocence dans ce drame sanglant.

Qui ou quoi, en effet, le presssait donc tant le 18 avril 1848 ? Ce n'était pas l'*Histoire de dix ans* éclatant tout à coup à ses yeux, et dont il aurait voulu devancer ou amortir les accusations dans ses pages encore tout humides;... il y avait cinq grandes années que l'*Histoire de dix ans* avait, en plusieurs éditions, couru le monde sans avoir le moindrement éveillé sa susceptibilité. Il est vrai que M. Chegaray a dit à cette audience, et je ne lui en fais pas mon compliment, qu'il l'avait laissée passer, parce que c'était plus à la royauté de 1830 qu'à lui-même qu'elle faisait le procès. Alors donc, en 1848, ç'a été parce que cette royauté était tombée, qu'il voulait, lui, reprendre son indépendance et donner au lion couché à terre le coup de pied de la fable ? Mais savez-vous que cela n'est ni beau, ni digne, ni brave... ni surtout d'un cœur reconnaissant !

Ce n'était pas non plus pour s'inscrire en faux contre la publication qui aurait été faite la veille de la *Biographie des députés* ou de la *Sentinelle des Pyrénees* citées par mon défenseur et par moi ;... il y avait plus de dix ans que ces pamphlets, ces feuilles volantes ne vivaient plus que dans la mémoire ou dans la bibliothèque des hommes politiques, où j'ai eu beaucoup de peine à les retrouver.

Ce n'était pas non plus pour se faire une arme contre moi des aveux et des rectifications de son supérieur, de son complice;... la lettre est de 1848, mes attaques sont de 1849.

Rien donc, après une résignation et un silence si obstinés, rien ne le pressait ; non, rien, si ce n'est le démon de sa vanité et de son ambition prévoyantes.

Et c'est pourtant avec cette espèce de lettres posthumes, que l'honoré de la monarchie prétend n'avoir pas mérité d'être le déshonoré de la République ! Ce sont ces lettres des complices des provocations et des mitraillades de l'insurrection lyonnaise, qu'on prétend faire mettre, par votre verdict, à la place des feuillets arrachés du *Moniteur* et de l'histoire ! C'est avec ces noms compromis, avec ces signatures plus ou moins apocryphes aux yeux de la loi, avec ces lettres postérieures de quatorze années aux événements qu'elles rappellent, qu'on vient vous demander ma condamnation ! ma condamnation, à moi, qui me suis appuyé sur des témoignages certains, sur des actes officiels, sur des faits dont le temps et la conscience publique ont consacré l'authenticité !

Mais, au fait, Messieurs, maintenant que j'y songe, pourquoi ne me condamneriez-vous pas ?

Pourquoi, ne pouvant plus me faire un crime pour diffamation, ne me ferait-on pas un crime pour nationalité de clocher ? « Comment donc, il y aurait dans ce pays un homme qui n'est pas du pays, qui vient de là bas, de la grande Babylone, et qui se permet de penser autrement que nous, d'écrire contre nous et nos hommes, de démocratiser ce pays que nous avons intérêt à royaliser... mais c'est intolérable ! vite un procès et une condamnation ! » C'est qu'en vérité, Messieurs, il faut bien que j'en convienne: ainsi que vous l'a dit le très-cauteleux avocat de mon adversaire, dans le cauteleux appel qu'il a fait à votre patriotisme local, je ne suis pas, moi, de ces douces contrées dont il a fait l'éloge... éloge auquel je souscris volontiers. Je ne suis pas né au pied de vos belles Pyrénées, dans ce noble pays de Béarn dont vous avez le droit d'être fiers... Non, cela est vrai, je ne suis pas Béarnais. Mais je suis un enfant de ce grand et fort pays de France, un citoyen de cette intelligente et patriotique nation française, dont, après tant de siècles, les efforts ont abouti à faire disparaître toutes les différences de mœurs, de caractères, de langage, d'intérêts, de coutumes, de circonscriptions territoriales, pour faire, de vingt peuples divers ayant chacun leur nom et leur nationalité, un peuple unique, un nom unique, une nationalité unique, résumés en un seul mot, la France, le peuple français, la nationalité française.

Ah! je n'avais pas besoin de ces paroles anti-patriotiques, anti-nationales, anti-françaises, que j'ai entendues à cette audience, pour savoir ce qu'il y avait au fond de cette décentralisation dont la Réaction qui nous déborde, a prêché et poursuit la croisade. Oui, oui, voilà l'espoir! voilà le but! On veut morceler encore, par l'esprit de province, par l'esprit de clocher, tout ce dont le grand et fécond esprit de la France a fait une patrie une et indivisible.

Il n'y a plus, depuis le grand travail des siècles dont la grande révolution de 89 a été le dernier mot, il n'y a plus dans notre patrie, ni fleuves, ni montagnes, ni langues, ni coutumes qui nous séparent. Il n'y a plus ni Gascons, ni Normands, ni Provençaux, ni Aquitains, ni Béarnais; et on voudrait qu'il y eût encore de tout cela. On trouve que ce n'est pas assez de la division des opinions et des partis de notre temps pour affaiblir la grande unité française, on veut exhumer de leur sépulcre les divisions des temps anciens. On veut que tel homme soit notre ennemi, soit notre justiciable, non-seulement pour ses divergences politiques, mais encore pour la différence des lieux où il est né.

Et ce sont les hommes qui s'arrogent le monopole exclusif de l'ordre, qui s'en vont répandant jusques devant les cours de justices, ces ferments nouveaux de perturbation et d'anarchie!

Et ce sont des gens qui se disent partisans de la modération et de la légalité qui, au jury politique, au jury social, au jury français, veulent substituer aussi un jury normand, un jury gascon, un jury béarnais, lequel s'informera, non précisément si un accusé est coupable, mais avant tout et surtout s'il est Béarnais, s'il est Gascon, s'il est Normand!

Et tout cela, ô mon Dieu! pour passer, un jour, des circonscriptions territoriales à la reconstitution des classes dans la société; pour asseoir de nouveau dans nos bourgs, dans nos villes, dans nos campagnes, la domination de parvenus, d'enrichis, et même de chapeaux noirs de paroisse, loin du pouvoir central qui les contient et les musèle!... Et cela, ô mon Dieu! au moment où, au bruit des pas des hommes et des chevaux du Nord, la France a plus que jamais besoin de ne former qu'une âme, qu'un esprit, qu'un peuple un et indivisible, serré, debout et se sentant les coudes sous un même drapeau!

Non, Monsieur, non! je ne suis pas du Béarn, je suis de la France; aimant et servant la France dans la mesure de mes forces et de mon intelligence, dans la sphère même qui a fait le plus sa gloire et sa prépondérance ; dans la sphère des idées.

Et dans cette sphère, Monsieur, je me rends hautement cette justice, c'est que, sans être né dans vos contrées, je me reconnais les qualités civiques et morales dont, à vous entendre, elles auraient le monopole .. Aussi n'ai-je pas été peu surpris, en voyant aujourd'hui cette audience mise sous la protection des baïonnettes. Qu'avait-on donc à craindre dans ce pacifique pays du Béarn, comme vous l'appelez? — Mes idées, ma parole? Oh! qu'on se rassure, je m'adresse aux cœurs chauds, aux âmes vives, aux instincts démocratiques, mais je ne fais pas appel aux esprits turbulents! Ainsi, encore une fois, Monsieur, je le confesse, je ne suis pas Béarnais, je suis Français...et si c'est un crime, en Béarn, eh bien, Monsieur! pour votre honneur je veux croire que ce crime est aussi le vôtre comme il est celui des jurés et des membres de la cour.

IV.

Il est une question, Messieurs, que j'avais dédaigné d'aborder. Plus au courant que moi des nécessités judiciaires, mon défenseur en a pensé autrement. Les applaudissements de l'auditoire lui ont répondu ; et moi je l'honore trop pour ne pas l'approuver. Je me poserai donc après lui sur ce terrain pour y combattre le défenseur de mon adversaire qui l'y avait suivi.

Cette question, Messieurs, est celle de ma bonne foi...

Ma bonne foi? ah! je le dis sans rancune, comme sans orgueil ; mais mon adversaire pouvait se dispenser de la contester. Il n'avait nul besoin pour cela de me connaître personnellement ; il n'avait qu'à se rendre compte du succès du journal que je rédige.

Certes, un journal qui, en huit mois à peine d'existence, est arrivé à un tirage de près de deux mille exemplaires, dans un département comme celui-ci, où les mœurs et les habitudes sont ce que mon adversaire les a dites, un tel journal ne permet pas de supposer dans son rédacteur des allures de mauvaise foi. S'il est vrai que les réclamations et les rétractations soient la pierre de touche de la loyauté de l'écrivain, les lecteurs de l'*Éclaireur* peuvent lui porter ce témoignage, que pas une fois, pas une seule fois, entendez-vous bien! leurs yeux ne se sont heurtés à une réclamation, à une rétractation qui s'appliquât à un fait émané de la rédaction. Aussi, messieurs, laissez-moi vous dire que sur ce point, et j'ajouterai comme sur beaucoup d'autres, l'influence de l'*Eclaireur* est grande; sa réputation est faite. Mon Dieu, je n'en tire nullement vanité, car Dieu m'a fait cette nature d'avoir horreur du mensonge et même de l'esprit de parti qui l'enfante trop souvent. Je n'ai donc fait en cela que transporter dans ce pays et dans l'*Eclaireur* la manière d'être de mon esprit et de ma conscience, les habitudes de polémique enracinées en moi par les vingt années de ma carrière de journaliste Mieux que personne je sais tout ce qui me manque, tout ce qu'on peut dire de moi, tous les reproches vrais ou faux qu'on peut m'adresser ou qui m'ont été adressés.... mais jamais, sachez-le bien, si vives, si passionnées qu'aient été les luttes auxquelles j'ai été mêlé et dont j'ai pris ma bouillante et fougueuse part, jamais il ne m'a été dit et il ne me sera dit que, sciemment, j'ai avancé un fait faux, que même j'ai tordu, dénaturé, tronqué la pensée d'un adversaire, enfin que sciemment j'ai failli à la bonne foi et à la loyauté de l'honnête homme et de l'écrivain, deux caractères que je ne sépare pas plus dans ma pensée que dans ma conscience.

Tenez, Monsieur, quand je suis venu ici, à cette audience, nul peut-être ne me connaissait; nul peut-être ne savait rien de ce qui constitue ma personnalité; à peine quelques hommes politiques savaient-ils mon nom. Voici trois jours que, par la parole et par la pensée, je suis entré en communication avec le jury, avec la cour, avec le public, ces trois juges de ma cause... Eh bien! je ne sais si je m'abuse, mais je sens en moi... et vous-même, Monsieur, vous sentez en vous quelque chose qui me dit et qui vous dit, qu'en s'interrogeant sur mon compte le public, le jury, la cour se disent : Non ce n'est pas là un homme déloyal, non, ce n'est pas là un écrivain de mauvaise foi.

Aurais-je Messieurs, donné un démenti à mon caractère, à mes habitudes, à ma vie passée? Il faudrait pour cela que j'eusse accusé mon adversaire, ayant en moi la conviction de son innocence, ayant eu dans le temps, ou au moment de mes attaques, des preuves de la fausseté des faits que j'ai articulés, soit dans l'*Eclaireur*, soit à cette audience.

Or, les faits, où les ai-je puisés? Au *Moniteur*, dans l'*Histoire de dix ans*, dans la *Biographie des députés*.

(M. Chegaray reparaît dans la salle.)

Ai-je tronqué, dénaturé, pressuré le *Moniteur* pour lui faire dire plus ou moins qu'il ne disait, le contraire de ce qu'il disait? Les interruptions, les haussements d'épaules et tous les signes muets par lesquels on supplée à la parole, ont bien été

pour mon adversaire les moyens de le donner à comprendre ;
mais ai-je laissé passer une interruption!, un haussement d'é-
paules, un geste, sans y faire droit, sans les signaler pour y
répondre, pour fermer la bouche à mon contradicteur, et le
réduire à l'immobilité!?. . J'en appelle à vos souvenirs, à votre
conscience, Messieurs les jurés, aux souvenirs et à la conscience de la cour et de l'auditoire.

Ai-je tronqué, dénaturé, pressuré l'*Histoire de Dix ans?*
Pas davantage! J'ai lu, et mon honorable défenseur a lu
après moi, les phrases textuelles qui faisaient de M. Chegaray
la personnification de l'implacable vouloir du gouvernement
dans la répression de l'insurrection lyonnaise.

Ai-je tronqué, dénaturé, pressuré la *Biographie des députés* de 1839? Non; je ne l'ai pas même lue à l'audience; mais
je vais la lire pour faire acte de la bonne foi la plus sévère. Et c'est bien tant pis pour mon adversaire, car il y a
un fait que, sans y être forcé, j'aurais eu regret à lui rappeler.

« M. Chegaray, est-il dit dans ce petit livre, siége à la
« chambre des députés depuis deux ans. Aux élections de
« 1837, il avait pour concurrent M. Laffitte, et il l'emporta
« sur M. Laffitte. Pourquoi? parce qu'il est procureur géné-
« ral, très-bien en cour, au mieux avec les ministres. Mais
« pourquoi est-il procureur général, bien en cour, au mieux
« avec les ministres, direz-vous?

« Demandez plutôt pourquoi M. Persil a été ministre? Pour-
« quoi M. Martin (du Nord) a été ministre? M. Chegaray a fait
« comme ils ont fait. Le système doctrinaire, pour *ses répres-
« sions impitoyables*, a trouvé en lui un de ces instruments
« comme il les voulait. On a même accusé M. Chegaray dans
« le temps *d'avoir exagéré ses instructions*; on a dit que,
« s'il n'avait point manqué de prudence, la ville de Lyon *n'au-
« rait pas été ensanglantée pour la deuxième fois en* 1834.
« Ce qui est certain, c'est que ces événements furent singu-
« lièrement profitables à M. Chegaray.

« Chargé d'assister M. Martin (du Nord) dans les débats
« du procès d'avril, il y déploya tant de zèle que, de procureur
« du roi qu'il était, il devint d'emblée procureur général.

« On rapporte, » et voici, Messieurs les jurés, le fait que
j'aurais voulu être dispensé d'exhumer d'une publication déjà
vieille de dix ans.

« On rapporte que dans la soirée du jour où il avait de-
« mandé la tête des accusés de Lyon, il ne craignit pas de se
« montrer au concert Musard. »

Cela est horrible, n'est-ce pas? Eh bien! cela je ne vous l'ai
pas dit. Je ne vous l'ai pas dit, parce que ce n'est plus alors
la vie publique qui m'est livrée que j'aurais traînée au grand

jour, c'eût été la vie privée qui m'est murée ; parce que ce n'est plus le magistrat politique dont les actes m'appartiennent que j'aurais accusé d'implacabilité sinistre , c'eût été le simple citoyen , c'eût été l'homme dont je n'ai pas le droit , quelques vils qu'ils soient , de stigmatiser les sentiments.

Ne dites donc pas que j'ai manqué de bonne foi , de loyauté ; car je ne vous ai pas dit autre chose que ce qui vous a été dit par cette biographie qui vous accuse d'avoir exagéré vo instructions, d'avoir, par votre excès de zèle, ensanglanté Lyon pour la seconde fois. Et ces accusations, elles ont été fondées pour moi ; où ont paru , à cette époque et depuis , vos protestations? Nulle part. Aujourd'hui vous protestez ; il est trop tard.

Que votre défenseur ne dise pas non plus que j'ai obéi à un sentiment personnel de haine contre vous. Si un sentiment pareil m'eût inspiré... je vous aurais reproché votre présence au concert Musard, parce que la haine est aveugle et ne s'arrête pas dans les limites de la loi. Mais je vous l'ai déjà dit , je ne peux pas avoir, je n'ai pas contre vous de ressentiment personnel ; car je ne vous connais pas , je ne vous ai jamais parlé ; avant notre rencontre ici, je ne vous avais jamais vu. Je ne savais de vous que votre nom et les actes de votre carrière de magistrat politique et de député. D'ailleurs, Monsieur, — j'ai bien le droit de me montrer ici tel que je suis, puisque vous faites effort pour m'y montrer tel que je ne suis pas: — il y a en moi quelque chose qui vous couvre, comme tout le reste des hommes , contre mes ressentiments haineux. J'ai des colères de l'esprit, je n'ai point des inimitiés du cœur. Avec le dédain dans l'un , je me suis toujours préservé de la haine dans l'autre.

Moi, vous haïr? non; laissez m'en fournir une preuve.

Le 13 mai, le jour même des élections, avait paru cette trop célèbre dépêche télégraphique toute pétrie de fiel et de fausseté réactionnaire, et qui a précipité la chute du ministre bilieux qui l'avait expédiée.

Pour parer autant qu'il était en moi à l'influence corruptrice que la Réaction en attendait, je rédigeai, signai et lançai dans Bayonne une protestation énergique , qui en appelait au mépris du pays et à la vindicte de l'Assemblée nationale, et dont on a bien voulu dire que c'était un acte de courage.

Une voix dans l'auditoire. — Et c'est vrai!

M. de Feuillide. — C'est possible ! mais ce qui est certain , c'est que c'était un droit exercé, un devoir rempli. Grande fut la stupeur d'abord et la colère ensuite des réactionnaires de la ville... Dans leurs conciliabules , en leurs huis clos toutefois bien qu'en plein air, ils me déclaraient digne d'être jeté dans l'Adour, tout au moins en prison si le procureur de la République et le sous-préfet faisaient leur devoir. Il m'en revint quelque chose ; mais comme, rien qu'à me voir, on peut juger que je ne suis pas de ceux qu'on peut jeter facilement même par terre, je pris en grande pitié les éclats de ees colères cacochymes. Et dans un article non moins vigoureux que ma protestation , je leur fis savoir, pour qu'à l'occasion on n'en prétendît cause d'ignorance, que l'arrestation préventive n'étant pas dans la loi pour un délit de presse, j'étais de ceux qui , forts de leur droits, opposent la force aux illégalités.

Le surlendemain, le journal bayonnais qui avait été et qui était l'organe du cénacle souterrain dans lequel la candidature de M. Chegaray était éclose en serre-chaude , me railla avec un sentiment plus ou moins contenu de colère pour la peur que j'avais faite par mon initiative qu'il appelait je crois tribunitienne. Il alla même jusqu'à dire qu'il n'aurait plus manqué que de me voir monter sur une borne pour soulever les passants. Voici quelle fut ma réponse :

« Si jamais, ce qu'à Dieu ne plaise, Messieurs, vos fureurs monarchiques, vos hypocrisies réactionnaires, vos insolents défis à la démocratie en marche pouvaient ramener dans ce pays une de ces manifestations populaires qui déjà deux fois , en 1830 et en 1848, ont fait de vous les trembleurs que tout le monde sait... alors oui, et seulement alors, nous descendrions sur la place publique; nous nous ferions d'une borne une tribune, un trépied même si vous voulez.

« Ce que nous dirions alors, vous ne l'entendriez pas vous autres, car la voix monte et vous seriez dans vos caves comme toujours. Mais le peuple , lui , nous entendrait. Il comprendrait! qu'après avoir fait hier, au nom de la liberté mise en péril par vos provocations, une agitation dont il nous sait gré, nous voulussions faire de la pacification, au nom de l'ordre que ses colères même légitimes pourraient mettre en danger. »

En écrivant ees lignes , Monsieur , c'est surtout à vous que je songeais , à vous la personnification la plus compromise du passé et de la Réaction dans ce pays. Oui , je pensais à vous, Monsieur, car voyant l'audace de votre candidature, ce que je n'écrivais pas, je le disais à mes amis: « Je ne sais ; mais si l'Assemblée législative a beaucoup de représentants de cette trempe, je prévois qu'un jour, furieux des actes de cette Réaction qu'ils auront nommée, les paysans les poursuivront à coups de fourche... et c'est nous qui aurons à nous placer entr'eux et les colères qu'ils auront soulevées. »

Si cela arrive jamais, Monsieur, comptez sur moi.

C'est qu'en vérité , je n'ai aucun ressentiment personnel. Mon Dieu, tenez, ici en public vous m'avez dit des choses amères... je vous les ai largement rendues , eh bien ! malgré cela, je sens qu'entre vous et moi , il n'y a qu'une chose qui nous sépare : mais cette chose est un abîme..... c'est la peine de mort !

Ah ! voyez-vous ? c'est que la peine de mort est une de mes plus vigoureuses haines, car ,la haine que [je ne porte pas aux hommes, je la voue aux principes. Et c'est la peine de mort que j'ai poursuivie en vous , parce que vous vous êtes fait vous-même ,comme l'incarnation de la doctrine de sa légitimité.

La peine de mort légitime ! légitime surtout en matière politi-que, aujourd'hui, avec nos mœurs, avec nos idées, après que le grand travail philosophique du dernier siècle est venu complé-ter l'œuvre trop lente du christianisme ! légitime après que ce double travail a reçu sa sanction suprême de l'idée et de l'œu-vre démocratique qui vient de se résumer dans cette formule , expression la plus élevée et la plus complète des sociétés humai-nes : la République !

Mais savez-vous bien qu'avoir soutenu la légitimité de la peine de mort, c'est avoir insulté à la civilisation, à l'humanité?... ce mot qui, selon M. le procureur général, a été de nos jours remplacé par un autre. Non, M. le procureur général, non ; le mot fraternité n'a pas détrôné, ne remplace pas le mot hu-manité ; il le grandit, il le complète. Humanité veut dire : ai-dez-vous les uns aux autres ! fraternité veut dire : aimez vous les uns les autres !.. ce qu'avec le mot humanité on faisait par devoir, avec le mot fraternité on le fait par amour.

Mais que parlai-je de la loi de l'humanité qui est violée par la peine de mort? c'est bien plus encore la loi de Dieu!

Avoir conservé la peine de mort dans la société moderne, dans la société chrétienne, c'est y avoir transporté l'idée primi-tive du genre humain sur la rédemption par le sang :—idée mystérieuse et confuse qui a perpétué les libations sanglantes dont le monde a été abreuvé par la guerre, par la loi, par les autels. Mais depuis que la grande rédemption, la rédemption de tous a été accompli dans l'immolation du Christ, la peine de mort aurait dû être abolie. La peine de mort légitime-ment écrite dans nos codes !.. Ah ! Monsieur, depuis le Gol-gotha, elle n'a plus ici qu'une sorte de crime légal. Vous êtes chrétien, n'est-ce pas Monsieur? eh bien ! le Christ a dit dans un sens absolu , entendez-vous , absolu , sans distinguer l'homme, la société, l'état, la loi : — *Vous ne tuerez pas.* »

Et c'est pour cela qu'en abolissant la peine de mort, au moins en matière politique, notre jeune République s'est ren-due sainte aux yeux du monde et aux yeux de Dieu. C'est sur-tout pour cela que je la bénis, que je l'aime ! C'est par là qu'elle a acquis le droit d'inscrire, au frontispice de ses lois et de nos monuments, ces trois mots qui ouvrent une ère nouvelle: *Ega-lité, liberté, fraternité* ! Je ne les vois pas écrits, il est vrai, dans cette enceinte, pour les saluer; mais j'y vois, pour la bénir, l'image du Christ qui, le premier, les fit entendre au monde !

Ai-je fini? Messieurs, je le devrais. Car c'est vraiment pitié que de ces hauteurs de la philosophie et de la religion, je sois forcé de descendre à cette pitoyable guerre de mots dans laquelle, en désespoir de cause, mes adversaires se sont retranchés.

—L'*Histoire de dix ans* a bien dit que M. Chegaray avait poussé aux mesures violentes de répression contre l'insurrection lyonnaise et qu'il avait été la personnification de l'implacable vouloir du gouvernement déchu;.. mais elle n'a pas dit que M. Chegaray avait *demandé à outrance le fonctionnement de l'échafaud politique.*

Voilà pourquoi M. Chegaray n'a pas fait de procès à l'*Histoire de dix ans ;* et voilà pourquoi aussi il en a fait un à l'*Eclaireur.*

Ainsi parle mon adversaire.

— La *Biographie des députés* a bien dit que M. Chegaraÿ avait exagéré ses instructions, qu'il avait par sa faute ensanglanté Lyon une seconde fois, en 1834, et qu'il avait demandé des têtes ; mais elle n'a point dit que M. Chegaray eût *demandé à outrance le fonctionnement de l'échafaud politique.*

Voilà pourquoi M. Chegaray n'a point fait de procès à la *Biographie des députés ;* voilà pourquoi aussi il en a fait un à l'*Eclaireur.*

Ainsi encore parle mon adversaire.

— Ah ! dit à son tour M. le procureur général, si l'*Eclaireur* se fût borné à dire que M. Chegaray avait proclamé la légitimité de la peine de mort, et que dans ses réquisitions il avait conclu à la peine de mort ; certes, il n'y aurait pas diffamation ! il est vrai que M. Chegaray a proclamé la légitimité de la peine de mort ; il est vrai qu'il a conclu à la peine de mort ! mais l'*Eclaireur* a dit que M. Chegaray avait *demandé le fonctionnement à outrance de l'échafaud politique....* et c'est bien différent ! Aussi, y a-t-il diffamation.

— Mais prenez garde, reprend M. Chegaray qui n'accepte pas dans ce sens l'aide que lui apporte le ministère public : j'ai bien soutenu la légitimité de la peine de mort dans nos codes, mais je ne l'ai pas requise ; les réquisitions sont du fait du procureur général Martin (du Nord) et non du mien.

Messieurs, auquel entendre, auquel répondre du ministère public ou de M. Chegaray ? Si je réponds au premier, le second n'acceptera pas ma réponse, et récriproquement.

Je vais les mettre d'accord.

L'un et l'autre, vous le voyez, innocentent les équivalents, ils n'incriminent que les mots. C'est pitoyable ! mais c'est ainsi. Eh bien! il n'y a qu'à prouver que les mots n'ont pas ici d'autre valeur que les équivalents; et qu'ainsi proclamation de la légitimité de la peine de mort, réquisition de la peine de mort, et demande du *fonctionnement à outrance de l'échafaud politique* ont eu dans ma pensée , sous ma plume , comme en linguistique et en logique la même signification.

Et cette preuve, messieurs, elle est écrite tout au long dans la lettre que je publiai en réponse à celle que M. Chegaray m'avait adressée pour demander une rétractation que Dieu merci j'ai refusée.

Dans l'article incriminé je m'étais servi en effet de ces mots : *Fonctionnement à outrance de l'échafaud politique.*

Deux jours plus tard, dans ma réponse qui, vous le savez, ne fit que maintenir et même aggraver mon accusation , quel sens ai je attribué à ces paroles , ou plutôt quels équivalents ai-je employés? le voici : « Nous verrons qui de vous ou de nous, monsieur; qui de l'échafaud politique ou de l'abolition de la peine de mort; qui de la République ou de la monarchie ; qui de la civilisation rétrograde ou de la civilisation chrétienne; qui de l'accusateur ou de l'accusé, tombera devant la justice du pays. »

Est-ce assez clair? qu'ai-je voulu poursuivre , qu'ai-je poursuivi dans M. Chegaray? l'échafaud politique , la peine de mort. Qu'il ait demandé le redressement de l'un , qu'il ait demandé l'application de l'autre, ou qu'il en ait proclamé la légitimité, en bonne conscience, en bonne logique n'est-ce pas toujours la même chose que j'ai dénoncée, que j'ai flétrie? Oui, c'est la même chose; oui, dans les circonstances au milieu desquelles, ou pour être plus vrai, malgré lesquelles , il osa proclamer la légitimité de la peine de mort , cette proclamation équivalait à la demande du fonctionnement à outrance de l'échafaud politique.

Savez-vous qui m'en a fourni une preuve? M. le procureur général.

Selon lui, la cour des pairs répugnait à l'application de la peine de mort ; selon lui, l'application de la peine de mort était l'objet du soulèvement de la conscience publique et des protestations de la douceur de nos mœurs; selon lui, le chef de l'état, le vieux roi, avait pour la peine de mort une répulsion insurmontable; aussi n'aurait-elle été appliquée, sous son règne, que dans des occasions rendues plus rares chaque jour, et alors qu'il était absolument impossible qu'il en fût autrement.

Messieurs, cela est vrai ; cela est de notoriété publique, et c'est une justice qu'il faut rendre à la pairie, à la conscience

publique et aux sentiments du dernier roi qu'a eu la
France.

Maintenant, je vous le demande :

Malgré les répugnances avouées de la cour des pairs, malgré les soulèvements de la conscience publique, malgré les répulsions du chef de l'état, avoir proclamé la légitimité de la
peine de mort, avoir dressé sa pleine et entière conviction contre les convictions de la pairie, de la royauté, de la France ;
avoir ainsi joué son ambition, ses honneurs, ses fonctions, son
avenir, contre les mécontentements qui en pouvaient être la
suite ; avoir ainsi hardiment mis l'infaillibilité, l'implacabilité
de sa conscience, au dessus des doutes, des terreurs et de la
compassion de la conscience de tous ceux qui dispensaient les
emplois et les honneurs, objet incessant de ses convoitises...
n'est-ce pas avoir demandé le fonctionnement à outrance de
l'échafaud politique?

Oui, c'est l'avoir demandé ; à outrance ne signifie
pas autre chose que passer par-dessus tous les obstacles
pour arriver à son but. Donc, en passant par-dessus les
obstacles que lui opposaient la pairie, la royauté, la conscience
publique, pour proclamer la légitimité de la peine de mort, que
la pairie, la conscience publique et la royauté déclaraient illégitime puisqu'elles n'en voulaient pas, M. Chegaray a demandé
le fonctionnement à outrance de l'échafaud politique! Donc, je
n'ai pas diffamé M. Chegaray, en l'accusant d'avoir demandé
ce fonctionnement à outrance. Donc, M. Chegaray, en me trai-
tant devant vous, pour une réhabilitation impossible, a été
l'homme de son ambition d'aujourd'hui, de même qu'en proclamant la légitimité de la peine de mort, en ne faisant pas de
procès aux hommes et aux écrits qui lui avaient dit pendant dix
ans ce que je n'ai fait que lui répéter, il avait été l'homme
de ses convictions d'autrefois !

Messieurs, j'ai tout épuisé, et les faits du procès, et les raisons de mes adversaires et les miennes ; j'ai fini ! aussi bien
mes forces me trahiraient; ma voix s'éteint.

Quand les peuples ont été éprouvés coup sur coup par tant
de bouleversements, il se fait, je le sais, parmi les enfants d'une
même patrie, un besoin infini de conciliation,; et la conciliation,
aujourd'hui, est le mot qui domine notre situation politique. Tout
le monde l'appelle, chacun de nous la veut. Mais la conciliation
n'est possible qu'entre les hommes ; entre les principes elle ne
l'est pas, car les principes sont la foi et la vie des peuples. A
chaque principe donc son temps, ses actes et ses hommes. Votre
verdict sous la République qui a proclamé l'abolition de la peine
de mort, ne peut pas être la sanction de sa légitimité proclamée
sous la monarchie. Aux hommes et aux fautes du passé, le

pardon, l'oubli, mais non la réhabilitation. La réhabilitation ne pourrait se faire qu'aux dépens des principes et des hommes du présent qui ont eu le droit, le devoir et le courage de les dénoncer pour les flétrir, comme les a flétris l'histoire.

Ce serait une indignité, ce serait une immoralité ; et l'indignité et l'immoralité ne font que perpétuer les discordes.

Oui, Messieurs, ce serait une indignité, ce serait une immoralité qu'un homme qui, pour parvenir aux honneurs les plus élevés de la magistrature avait exagéré ses instructions, ensanglanté la seconde ville de France, lutté à outrance contre les mœurs de son pays, contre les répulsions de la cour des pairs, contre les répugnances même de la couronne, escompté enfin pendant quatorze années l'ignominie de son silence, pût après sa chute s'appuyer sur votre verdict, afin de renier son passé, d'escompter le besoin subit qu'il a éprouvé de protester et de se réhabiliter pour donner de nouveau carrière aux convoitises de son ambition.

Cette indignité, cette immoralité, Messieurs, vous ne les commettrez pas. Non, votre verdict ne cassera point l'arrêt déjà porté par l'histoire, et par la conscience publique dont vous êtes l'écho. J'ai donc foi dans votre verdict, Messieurs, car j'ai foi dans votre indépendance, dans votre patriotisme et dans votre impartiale et haute raison.

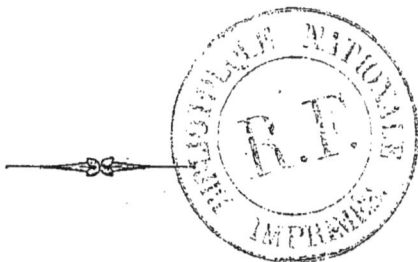

BAYONNE, imprimerie de Vᵉ LAMAIGNERE née TEULIÈRES, rue Bourg-Neuf, n° 1.

www.ingramcontent.com/pod-product-compliance
Lightning Source LLC
Chambersburg PA
CBHW071451200326
41519CB00019B/5701